Wolfgang Hubertus Severin

Einsichten-

Wolfgang Hubertus Severin

Einsichten-

Predigten, vom Leben geprägt

Fromm Verlag

Impressum/Imprint (nur für Deutschland/ only for Germany)
Bibliografische Information der Deutschen Nationalbibliothek: Die Deutsche Nationalbibliothek verzeichnet diese Publikation in der Deutschen Nationalbibliografie; detaillierte bibliografische Daten sind im Internet über http://dnb.d-nb.de abrufbar.

Coverbild: www.ingimage.com

Contact:
International Book Market Service Ltd., 17 Rue Meldrum, Beau Bassin, 1713-01 Mauritius
Website: www.bookmarketservice.com
Email: info@bookmarketservice.com

Gedruckt in: USA, UK, Deutschland. Dieses Buch wurde nicht in Mauritius produziert.

Imprint (only for USA, GB)
Bibliographic information published by the Deutsche Nationalbibliothek: The Deutsche Nationalbibliothek lists this publication in the Deutsche Nationalbibliografie; detailed bibliographic data are available in the Internet at http://dnb.d-nb.de.

Cover image: www.ingimage.com

Contact:
International Book Market Service Ltd., 17 Rue Meldrum, Beau Bassin, 1713-01 Mauritius
Website: www.bookmarketservice.com
Email: info@bookmarketservice.com

Printed in: U.S.A., U.K., Germany. This book was not produced in Mauritius.

ISBN: 978-3-8416-0142-1

Ein Prediger soll erstlich ihm selbst und alsdann andern predigen.
(13. Jahrhd.)

Zum Gedenken an einen großen Prediger:
Spiritual Wolfgang Kraft, Köln, gest. 2010

Inhalt

Genesis 2, 7-9.3,1-7
- vom Ursprung des Menschen-

„Was ist der Mensch, das Du Dich seiner annimmst?"- so fragt der Dichter des 8. Psalms. Eine Frage, die sich jeder Mensch sicher immer mal stellt- zumindest den ersten Teil der Frage „Was ist der Mensch?"
Und das ist selbstverständlich nichts Neues. Seitdem der Mensch im Laufe der Evolution des Denkens fähig wurde, ist das seine Frage gewesen: „Was ist der Mensch denn eigentlich?" Verbunden mit der Frage: „Wozu bin ich in der Welt?"
Warum also sollten die Menschen zu biblischen Zeiten anders gewesen sein? Selbstverständlich setzten sie sich ebenfalls mit dieser Frage auseinander.
Der biblische Text aus dem Buch Genesis ist ein Zeugnis für eben diese Auseinandersetzung.
Sie ist das Ergebnis einer Beobachtung und einer Glaubensüberzeugung.

Um gleich einem Missverständnis vorzubeugen, das eigentlich schon lange keines mehr sein sollte: Die Geschichte vom Paradies und der daraus erfolgten Vertreibung ist keine objektive Beschreibung. Auch der damalige Autor hat mit größter Sicherheit nicht daran geglaubt, dass Gott den Menschen genau auf diese Weise erschaffen hat. Der Autor wollte mit seiner Geschichte lediglich eine Tatsache herausstreichen, nämlich DASS Gott der Ursprung des Menschen ist, aber nicht WIE er ihn geschaffen hat. Und dazu hat er diese Geschichte, vermutlich aus teilweise schon vorgefundenen mündlichen Erzählungen zusammengestellt.
Ich denke wir können ihn uns als einen suchenden Menschen vorstellen. Vielleicht jemand, der zwar davon überzeugt war, dass Gott den Menschen mit guter Absicht erschaffen hatte, aber auch einer, der gleichzeitig daran verzweifelte, dass dieses Geschöpf in der Lage war, gegen Gott zu sein und gegen seine Gebote zu handeln.
Diese Gedanken und Fragen wurden die Grundlage für seine Erzählung.
Für ihn war klar, dass der Mensch gedacht war in Einheit mit Gott zu leben. Das, was er mit dem Paradies beschrieben hat, gibt genau dies wieder: ein fiktives Land, genannt Eden. Das soll beschreiben, dass es eben außerhalb dessen lag, was heute menschlicher Lebensraum ist. Ein Land, in dem Gott und Mensch in Einheit lebten, Himmel also.
Dann beschreibt er im Verlauf der Erzählung über die Symbole von Schlange und Baum der Erkenntnis, dass der Mensch offenbar aus diesem paradiesischen Zustand herausgefallen ist. Für den bibl. Autor ist also das menschliche Leben, wie er es vorfand eine Folge der Trennung von Mensch und Gott.
Noch also ist das alles nur Beschreibung dessen, was der Autor als menschliche Existenz vorfand. Noch hat er keine Antwort auf die Frage: „Was ist der Mensch?"
Die aber deutet sich im ERSTEN Satz an, den wir in der Lesung gehört haben: „Gott der Herr formte den Menschen aus Erde vom Ackerboden und blies in seine Nase den Lebensatem"

Natürlich sind wir nicht aus Erde geschaffen, aber wir sind Materie, aus dem gleichen Stoff, aus dem alles Physikalische ist. Wir sind also Teil der Welt, Teil der Erde, aus dem gleichen Material. Aber: wir sind gleichzeitig mehr als das: Gott blies uns seinen Atem ein. Wir sind von Gott inspirierte Geschöpfe, von ihm durchdrungen, im Kern Teil von ihm.
So weit, so gut. Mehr steht zu diesem Thema in dieser Bibelstelle nicht drin. Aber immerhin. Dies ist der Ausgangspunkt biblischen Denkens über den Menschen: Wir sind Geschöpfe zweier Welten: dem Irdischen verhaftet und dennoch mit dem Göttlichen verbunden.

Wir sind damit ein kleines Stück weiter bei der Suche nach der Antwort auf die Frage „Wer wir sind".
Wenn wir vom Anfang der Bibel ganz an das Ende gehen, finden wir im Buch der Offenbarung den Satz „Komm Herr, komme bald!" Ein Ruf, der sich an den auferstandenen Christus richtet, doch nun bald zurückzukommen, um die Erde endgültig wieder in den Ursprungszustand, der am Anfang Paradies genannt wird, zurückzuversetzen. Hier wird Gott als das Ziel menschlichen Lebens beschrieben, zu dem wir alle wieder zurückgehen. Gott als Anfang und Ende, als Ursprung und Ziel menschlicher Existenz.
Auch hier wieder, so weit so gut.
Aber was ist nun mit der Zeit dazwischen? Warum leben wir? Warum sind wir hier? Es muss doch mal erlaubt sein zu fragen, warum Gott uns erst in diese Welt entlässt, nur um uns später wieder heimzuholen? Warum dieses ewige Geboren-werden und Sterben?
Hätte ich die goldene Antwort darauf, wäre das so etwas wie das Entdecken der Weltformel. Also bitte keine zu hohen Erwartungen. Da aber m.E. jeder Mensch für sich eine Antwort auf diese existentielle Frage braucht, habe ich natürlich auch eine für mich- und die lautet: Ich bin hier um die Erfahrung der Liebe zu machen. Nicht mehr und nicht weniger.
Für mich ist der Glaube daran, dass Gott die Liebe an sich ist, von zentraler Bedeutung. Die Liebe aber kann nie für sich sein, die Liebe ist auf den anderen ausgerichtet. Ein Gott der Liebe kann nicht ohne Gegenüber sein. Ich glaube, dass ich in der Welt bin, weil Gott den Menschen als Gegenüber für seine Liebe geschaffen hat.
Nun wissen wir alle, dass Liebe neben der Notwendigkeit eines Gegenübers vor allem auf Freiwilligkeit beruht. Liebe kann nur freiwillig gegeben werden. Erzwungene Liebe ist niemals Liebe, niemals!
Deswegen ist der Sinn menschlichen Lebens die Entdeckung der Liebe Gottes. Erst im Abstand von ihm, erst in dieser anderen Existenz kann mir die Größe der Liebe bewusst werden.
Die Sehnsucht danach ist in uns allen angelegt. Deswegen reagieren wir so intensiv auf die Erfahrung menschlicher Liebe, weil uns darin auch immer ein Teil göttlicher Liebe begegnet.

Menschliche Existenz hat also immer den Sinn, sich daran zu erinnern, wer wir wirklich sind: von Gott geliebte Geschöpfe, auf seine Liebe ausgerichtet, nur dafür da, in dieser Liebe zu leben, sie zu erwidern.
Am ersten Sonntag der Fastenzeit wird uns deswegen diese Textstelle vor Augen gestellt: Erinnert Euch, wer Ihr seid: zwar aus Erde geschaffen, aber von Gottes Geist der Liebe angehaucht. Richtet Euch nach dieser Liebe aus und Ihr werdet das Leben finden.

Weisheit 11,22-12,2 und Lukas 19,1-10

- ein Wiedersehen nach dem Tod-

In Todesanzeigen kann man manchmal lesen: Wir sehen uns wieder. Ein Satz, der vermutlich vieles ausdrückt: Eine Art von Trost, von Halt und sicher auch von Trotz. Den letzten Triumph will man dem Tod nicht lassen.

Es steckt eine Sehnsucht in dem Wort "Wiedersehen": dass ein vertrautes Leben weitergeht Aber wenn von der "anderen" Welt die Rede ist , vom Himmel, vom Jenseits-kann es dann eine Fortsetzungen unter alten Vorzeichen geben? Geht es dann einfach weiter wie bisher? Eine Geschichte eins zu eins? Wie schnell kommen wir doch an die Grenzen unseres Verstehens und auch unserer Wünsche, denn vermutlich wünschen sich die wenigsten, dass im Himmel alles dem Bisherigen entspricht.

Wenn wir auf unseren Alltag schauen, geht selbst nach dem Tod eines lieben Menschen das Leben weiter. Selbst nach einer großen Katastrophe. Wir entwickeln uns weiter. Wir finden uns auf neuen Wegen wieder. Wir suchen Alternativen. Wir bleiben nicht die Alten, die Bisherigen. Wenn wir dann selbst eines Tages sterben, haben wir den einen Standort längst verlassen, an dem wir uns so gerne wieder gesehen hätten.
Auch der Mensch, der in tiefer Trauer seine Sehnsucht formuliert, den anderen Menschen wiederzusehen, geht mit jedem Tag weiter fort. Auch er entwickelt sich weiter, verändert sich, bleibt nicht wie er ist. Ihm ist ein neues Leben zu wünschen. Vielleicht sogar eine neue Liebe. Ein neuer Anfang. Wenn dem Tod gelänge, jeden Lebensmut zu brechen, jede Hoffnung zu zerstören, jeden eigenen Weg zu überschatten - dann wäre sein Sieg perfekt. Er würde mitten im Leben das letzte Wort behalten.
Da ist zum Glück Gott vor!

Richten wir aber jetzt den Blick auf die, die gestorben sind, dann entfaltet Jesu Wort eine ungeheure Kraft, Im Evangelium heißt es: "Die aber, die Gott für würdig hält, an jener Welt und an der Auferstehung von den Toten teilzuhaben, können auch nicht mehr sterben, weil sie den Engeln gleich und durch die Auferstehung zu Kindern Gottes geworden sind."

So sehen wir auch hier die Bewegung, die Verwandlung. Der Mensch, der stirbt, bleibt nicht, was er ist. Was sein Leben ausmacht, was fertig wurde, was unfertig blieb, es bleibt nicht wie es war, es wird den Engeln gleich. Der Mensch, der stirbt, bleibt nicht, was er war: bedeutend oder unbedeutend, geliebt oder ungeliebt - nein, er ist zur Tochter, zum Sohn Gottes geworden.
Kein Mensch kann das von sich aus werden.
So müssen wir hier die Bibel verstehen: Wir werden von Gott "für würdig" gehalten. Allen Toden, Zweifeln und Anfechtungen dieser Welt zum Trotz. Es ist ein schönes Wort,

eine große Verheißung: "für würdig" befunden werden.
Und aus diesem Grund gefällt mir in den Anzeigen das Wort "Wiedersehen" nicht so gut: denn es bedeutet ja eigentlich, dass es keine Entwicklung gibt. Das Wort drückt aus, dass ich denjenigen genau so wiedersehen will, wie er in dem Moment war, dass ein Augenblick, eine kleine Zeit, eine begrenzte Erinnerung festgehalten wird. Dass es keine Bewegung mehr gibt. Dabei wächst das Leben doch - und wird aus dem Tod herausgeführt. Die Bilder, die die Bibel dafür verwendet sind die der Engel: „Sie können nicht mehr sterben, weil sie den Engeln gleich und durch die Auferstehung zu Kindern Gottes geworden sind," heißt es im Evangelium. **Das** sind die Bilder für die Auferstehung. Für das neue Leben. Für die neue Welt Gottes.

Im Evangelium ist von Sadduzäern die Rede, klugen, einflussreichen Leuten, die einmal die Elite stellten in Israel. Sie können mit der Auferstehung nichts anfangen, halten das alles auch für neumodisches Zeug. Als sie Jesus in ein Gespräch verwickeln, verraten sie, dass sie sich die neue Welt nur als Fortsetzung der alten vorstellen könnten. Wenn sieben Brüder, Männer - letztlich ist es egal - eine Frau haben: wem wird sie gehören? Der Himmel als Wiederkehr - eine furchtbare Vorstellung. Wer entscheidet dann, wer entscheidet sich für, wer gegen einen? Die große Not, die Menschen schon zu Lebzeiten miteinander haben, überdauert dann den Tod. Dann gehörte der Himmel den Platzhirschen - und den Diven oder wer auch immer sich auf seine Weise durchsetzen würde. Viele andere hätten dann keinen Platz dort. Und der Himmel wäre wieder nur Abbild dessen, was wir zu genüge kennen: der Wettbewerb um die besten Plätze.

Nein, nicht die Wiederholung des Alten, des ewig Gleichen! Jesus zeigt die Würde der Menschen in der Welt Gottes: Engeln gleich - durch die Auferstehung zu Töchtern und Söhnen Gottes geworden. Ich weiß: die Worte können nur andeuten, sie versuchen etwas zu fassen, das sich in Worten nicht fassen lässt. Aber sie verändern etwas bei und unter uns, denn: Menschen dürfen wieder hoffen!
In dem Sinne versuche ich Todesanzeigen anders zu lesen: als Lebensanzeigen zu lesen:
Weil Gott ein Gott von Lebenden ist, gehen für Menschen Wege weiter.
Weil Gott ein Gott von Lebenden ist, schenkt er Auferstehung.

Matthäus 4,1-11

-Wüstenerfahrung-

Wenn wir jemanden in die Wüste schicken, dann ist sein Schicksal besiegelt. Der braucht gar nicht mehr wiederzukommen. Man rechnet auch gar nicht mehr damit, dass jemand wiederkommt, den man in die Wüste geschickt hat. Die Wüste ist solch ein unwirtlicher Ort, dass man in ihr normalerweise umkommt, es sei denn man hat sich besonders darauf vorbereitet mit genügend Wasser, Proviant, Karten und Kompass etc.
Nun, Jesus wird auch in die Wüste geschickt. Und nicht von irgendeinem, sondern vom Geist. Normalerweise sind einem diejenigen, die einen in die Wüste schicken nicht sehr wohl gesonnen. Aber das wird man dem Geist Gottes wohl nicht unterstellen. Dieser wird mit Jesus etwas Gutes im Sinn gehabt haben. Auch wenn es danach ja zunächst nicht aussieht, denn das Gegenteil des Guten, das Böse taucht auf, konfrontiert Jesus mit seinen eigenen vermeintlichen Schwächen, menschlichen Schwächen eben- nach Macht, nach Brot, nach Reichtum.
Warum, kann man natürlich fragen? Welchen Sinn soll das machen?
Warum soll der Mensch in Jesus, der Mensch also an sich, sich mit seinen Versuchungen auseinandersetzen? Warum geht Jesus es so offensiv an?
Wir würden doch vielleicht eher sagen: Na ja, wenn es denn mal so weit ist, dann ist es immer noch früh genug, mich dem zu stellen. Sollte mir z.B. eine gute Position angeboten werden, bei der ich eine Menge Mitarbeiter zu führen hätte, ist es immer noch früh genug, das Pro und Contra abzuwägen, darüber nachzudenken, ob ich dafür vielleicht andere Prinzipien meiner Integrität z.B. oder meines Menschenbildes aufgeben müsste.
Bei Jesus ist es offenbar anders: Er setzt sich mit seinen Grenzen, seinen Untiefen, seinen Versuchungen vor dem Beginn seiner Karriere auseinander. Er versichert sich VORHER seiner Standhaftigkeit und seiner Prinzipientreue. Ein Vortest sozusagen, denn er wird geahnt haben, was alles auf ihn zukommen könnte, wenn er den Weg gehen würde, der sich für ihn abzeichnete.
Und da liegt dann auch die Spur, die uns von Nutzen sein könnte in Auseinandersetzung mit diesem Text.
Die Konfrontation mit unseren eigenen Untiefen, mit unseren Dämonen ist immer wieder nützlich. Schmerzlich zwar, aber nützlich.
Als sich die Kirche im 3. und 4. Jahrhundert begann zu etablieren, begannen erste Reformbewegungen, die schon damals an die Ursprünge erinnern wollten. Diese Bewegungen gingen vor allem von Einsiedlern aus, die sich für eine gewisse Zeit in die Wüste zurückzogen. Berühmt ist ja das Bild von Matthias Grünewald, in dem er die Bedrängnis des heiligen Antonius dem Einsiedler durch Dämonen darstellt.
Sie zerren an ihm, werfen ihn zu Boden, verwirren ihn komplett. Damit hat Grünewald genau das dargestellt, was passiert wenn man sich eine Zeitlang komplett zurückzieht. Vermutlich kennen wir diese Erfahrung höchstens anfanghaft. Aber wir alle wissen von der Unruhe, die uns erfasst, wenn man z.B. mal alleine im Haus ist, ohne Telefon, Computer, Radio oder Fernsehen; wenn man sich dann noch vorstellt, dieses Haus stünde irgendwo in der Einsamkeit und man sei dazu verurteilt dies 40 Tage zu tun wird einem doch etwas unwohl dabei, so faszinierend dies erst einmal erscheint. Das, was

mich in der Außenwelt erschreckt in den Nachrichten z.B. lenkt mich ab von den Schrecken in mir. Das klingt sehr dramatisch. Ich meine damit auch nicht, dass man dann plötzlich wortwörtliche Leichen im eigenen Keller entdeckt, sondern dass man dem Nachdenken über sich selbst nicht mehr ausweichen kann. Es beginnt das Grübeln über Entscheidungen, die man getroffen hat, es beginnen die Zweifel über bestimmte Aspekte im Leben, es tauchen Versuche auf, sich davon abzulenken, es taucht Schuld auf, die man sonst zudecken konnte.
Und auch da wieder die Frage: Warum soll ich das tun?
Weil das Ganze zu einer Art Reinigung führt.
Einmal erkannt, kann ich es bearbeiten, verändern, verwandeln. Man kommt aus solch einem Prozess verwandelt heraus. Jesus war danach derjenige, der die ersten Jünger um sich scharte. Nach den 40 Tagen rief er die anderen zur Umkehr auf. Er hatte nach der Wüstenerfahrung seine Position, seine Berufung gefunden. Nun wusste er wer er war, wie er auf bestimmte Dinge reagierte; er wusste um seine Prinzipien, darum, was ihn trug.
Leider kann sich keiner von uns den Luxus erlauben 40 Tage bis Ostern in der Wüste zu verschwinden, aber wir können uns kleine Wüsten schaffen: Orte, an die wir uns zurückziehen, für eine Zeit alle Kabel und Stecker, die uns mit außen verbinden, ziehen, wir können uns dem Gebet widmen, der Begegnung mit Gott.
Und dass wir uns richtig verstehen: Rückzug, Besinnung, Konzentration auf das Wesentliche ist nichts, was Gott von uns fordert, nichts, was er von uns braucht. Der einzige der das braucht ist man selbst!

Matthäus 5, 13-16

-Wer bin ich als Christ-

Wenn ich Sie jetzt fragen würde, was Sie in dieser Stelle gelesen haben oder besser, was bei Ihnen angekommen ist, dann bin ich sicher, dass es in etwa war: wir sollen wie ein Licht auf dem Berg sein oder wir sollten wie das Salz der Erde sein. Wir hören eine Aufforderung, wir hören sozusagen einen Befehl Jesu, so und so zu sein.

Lesen Sie aber einmal genauer: „Ihr SEID das Salz der Erde. Wenn nun das Salz nicht mehr salzt, womit soll man salzen? Es ist zu nichts mehr nütze, als dass man es wegschüttet und lässt es von den Leuten zertreten. Ihr SEID das Licht der Welt. Es kann die Stadt, die auf einem Berge liegt, nicht verborgen sein."

Wie so oft bei Jesus steht hier nichts von „Ihr sollt" oder „Ihr müsst". Da steht „Ihr seid". Wie so oft macht Jesus eine Zusage, er beschreibt uns. Aus seiner Sicht SIND wir schon das Licht der Welt, das Salz der Erde.

Diese Stelle steht bei Matthäus unmittelbar nach den Seligpreisungen. Auch die Seligpreisungen sind ja Zusagen, Zusprüche.

Als Menschen, die mir nachfolgen, so könnte man Jesus übersetzen, SEID ich schon selig, als Menschen, die mir nachfolgen, seid Ihr schon das Licht der Welt, als Menschen, die mir nachfolgen seid Ihr schon das Salz der Erde.

Damit ist eigentlich schon alles gesagt. Aus Jesu Sicht sind wir für diese Welt unverzichtbar. Die Welt gäbe es zwar ohne Christen, aber sie wäre orientierungslos, ohne Licht, sie wäre fad, ohne Salz.

Ich nehme an, dass viele von uns sich in dieser Beschreibung NICHT wiederfinden. Wer von uns empfindet sich schon aus seiner Identität als Christ heraus wegweisend für diese Welt, erhellend und würzend? Bestenfalls empfinden wir uns als nützliches Teilchen in dieser Welt, aber doch nicht mehr?

Es schwingt bei uns sicher auch ein wenig Widerwillen mit, denn wenn man sich als Christ so entscheidend für die Welt sähe, klänge es so als wären wir unverzichtbar für diese Welt, als ginge ohne uns nichts.

Klingt da nicht so etwas wie das „Alleinseligmachende" der Kirche mit? Wird dort nicht wieder etwas beschrieben, das schon in seiner Extremform genügend Elend über zwangsmissionierte Völker gebracht hat? Ohne uns kein Heil für diese Welt?

Ja, vielleicht schwingt das mit. Vielleicht.

Der Text ist dem 5. Kapitel des Matthäusevangeliums entnommen. Matthäus zielt besonders auf das ab, was man dann irgendwann Mission genannt hat. Allein schon der Schlusssatz seines Evangeliums lautet: „Darum geht zu allen Völkern und macht alle Menschen zu meinen Jüngern; tauft sie auf den Namen des Vaters und des Sohnes und des Heiligen Geistes, und lehrt sie, alles zu befolgen, was ich euch geboten habe. Seid gewiss: Ich bin bei euch alle Tage bis zum Ende der Welt."

In allen Evangelien, aber vor allem bei Matthäus klingt die Freude über das an, was die Jünger im Glauben an Jesus für sich entdeckt hatten: Wir würden es wohl heute Lebenssinn nennen, was sie für sich gefunden haben. Ihnen ist mit Jesus klar geworden, wofür sie lebten, wozu sie in der Welt waren. Sie hatten verstanden, dass ihr Leben sinnvoll war, nicht nur das Leben der Großen und Mächtigen, sondern auch das Leben der vermeintlich Unwichtigen, der Fischer z.B. Ihnen hat dieser Jesus noch viel Wichtigeres als es viele Mächtige waren zugesagt: Salz der Welt zu sein, Licht der Welt eben. Kein Wunder, dass sie damit nicht hinter dem Berg halten wollten. Sie wurden endlich mal ernst genommen, als Personen wahrgenommen und nicht nur als verfügbare Masse für die Herrschenden.

Wir rümpfen heute beim Gedanken an Mission die Nase, weil die Kirche irgendwann selbst zu den Mächtigen gehörte, selbst darüber entschied, wer nun Licht der Welt war und wer nicht. Wer sich aber jemals unwichtig vorkam, nicht wahrgenommen von den anderen, ungeliebt- und dann die Zusage bekommt, Salz der Erde zu sein, der wird natürlich von dieser für ihn wunderbaren Botschaft berichten wollen, der will das weitergeben, der wird von selbst zum Licht auf dem Berg. Für den stellt sich nicht die Frage, ob Mission richtig ist oder nicht. Der will einfach nur loswerden, was ihn so unglaublich erfüllt, der will anderen von seinem Glück berichten, der will das teilen. Derjenige, dessen Leben durch die Begegnung mit Jesus sinnvoll geworden ist, will damit nicht hinter dem Berg halten, sondern stellt sich sozusagen auf den Berg und ruft es heraus.

„Ihr seid das Licht der Welt und das Salz der Erde" ist eine Beschreibung desjenigen, der sich von der Liebe Jesu erfüllen lässt. Eine beglückende Erfahrung kann man nur schwerlich für sich behalten, die will raus, will erzählt werden. Genau das wird hier beschrieben.

Und damit wird diese Stelle nicht nur eine wunderbare Zusage an uns, sondern auch eine Nachfrage: wie verstehst Du Dich als Christ? Was ist Deine Identität? Wer bist Du Mensch? Rädchen im Getriebe dieser Welt- oder doch Licht und Salz für diese Welt?

Matthäus 11,1-9
-eine Bergerfahrung-

Die drei Apostel, die hier heute genannt werden, nämlich Petrus, Jakobus und Johannes tauchen in dieser Kombination immer wieder auf und zwar oft an sehr markanten Stellen. Es sind die drei, die nach Tod und Auferstehung Jesu auch eine erhebliche Rolle beim Aufbau der Gemeinden spielen. Vorher werden sie dann immer dargestellt als diejenigen, die offenbar ganz nah an Jesus dran sind und doch so menschlich bleiben. So wie auch hier im dieser Textstelle.

Die drei Größen der nachösterlichen Zeit im Aufbau der Gemeinden sind in so vielen Stellen keine Helden, sondern ganz normale Menschen. Auch hier wieder: auf das, was sie erleben reagieren sie so ganz menschlich. Sie erleben wie Jesus Gott begegnet und reagieren wie Menschen in schönen und faszinierenden Augenblicken eben reagieren: Bei Goethes Faust heißt das bekanntermaßen: *„Werd ich zum Augenblicke sagen: Verweile doch! Du bist so schön! Dann magst du mich in Fesseln schlagen, dann will ich gern zugrunde gehn!"*

Die drei wollen das, in dem sie drei Hütten bauen, sie wollen das Erlebte für die Ewigkeit festhalten. Sie wollen nicht wieder vom Berg absteigen zurück in den Alltag. Und wen wundert es: schließlich haben sie etwas erlebt, das nicht gerade alltäglich ist. Was genau das besondere ist, möchte ich jetzt noch ein wenig näher untersuchen:

Dass Jesus öfters auf Berge stieg, um zu beten war nichts Neues für die Jünger. Das war so normal für sie, dass sie in der Parallelerzählung bei Lukas sogar einschlafen. Dort verpassen sie die Szene. Aber dann – bei Lukas und bei Matthäus wachen sie auf und sehen einen veränderten, ganz anderen Jesus: Er ist für die drei anscheinend völlig geistesabwesend, weil er sich ganz auf Gott ausgerichtet hat. Vielleicht kann man das nur vergleichen mit jemandem, der sich ganz auf eine Sache konzentriert, so dass er oder sie um sich herum nichts mehr wahrnimmt- oder wie mit Liebenden, die so miteinander beschäftigt sind, dass für den Rest der Welt kein Platz mehr bleibt.

Die Jünger erfahren hier, dass „Etwas-ganz-tun" verändert: ganz da sein, ganz lieben, ganz hören, ganz beten, das macht jemand anderes aus mir. Und sie haben vielleicht später verstanden, warum Jesus auf den Berg steigt, um zu beten. Unten geht das nicht, jedenfalls nicht so gut.

Solches Gebet, solche Erfahrung braucht Vorbereitung.

Solches Gebet braucht äußere und innere Freiheit, solches Gebet passt nicht mit dem Bewältigen des manchmal mühseligen Alltags zusammen. Solches Gebet braucht das Verlassen des Gewöhnlichen, des Normalen, der Ebene. Dafür muss man auf den Berg, auf den Gipfel der Erkenntnis, sozusagen.

Die Jünger sehen Moses und Elija mit Jesus reden. „Was soll das?" könnte man fragen. Diese beiden sind Symbole und stehen für die jüdische, die israelitische Tradition. Moses für die Thora, die fünf Bücher Mose also und Elija als erster der Propheten für die alttestamentliche Prophetenüberlieferung. Beide werden als von den Jüngern mit Jesus im Gespräch gesehen. Für die damaligen Hörer des Evangeliums war das ganz wichtig: der Glaube an Christus schließt den Glauben an die jüdische Tradition nicht aus. Im

Gegenteil: Beide sind im Gespräch miteinander. D.h. jüdischer und christlicher Glaube sind kein Gegensatz, ergänzen sich, bauen aufeinander auf.
Die Jünger erfahren noch etwas wichtiges: Sie fallen ja von einem Extrem ins Andere: Zunächst mal Begeisterung über das Geschehene, so weit, dass sie den Moment festhalten wollen, dann aber das andere Extrem: Angst. Es erscheint die Wolke, aus der die Stimme Gottes spricht. Sie bekommen so viel Angst, dass sie sich mit dem Gesicht zu Boden warfen. Eigentlich ja merkwürdig: zunächst sehen sie wie Jesus Gott begegnet, dann aber taucht Gott wieder auf, aber in anderer Form und da bekommen sie Angst. Der Schlüssel zu diesem Teil der Erzählung liegt in der Person Jesu. Sie kennen Jesus, ihm vertrauen sie. Für sie ist er zwar der Meister, das Vorbild, aber eben auch ein Freund. Da gibt es keinen Grund zur Furcht, selbst wenn sich dieser Freund durch die Begegnung mit Gott verändert, verwandelt.
Sie erfahren Gott als die verändernde Liebe. In der dann erscheinenden Wolke taucht Gott noch mal so auf wie sie ihn bis dahin kannten: in einer Wolke, als etwas was den Himmel bedeckt, auch drohend sein kann. Hier erfahren sie Gott so wie er sich in seiner vermeintlichen Ambivalenz im ganzen alten Testament zeigt: liebend, aber auch drohend, vergebend, aber auch rächend und eifersüchtig. Vor diesem Gott warf man sich auf den Boden, da half nur die Geste der Demut, des sich-klein-machens. Jesus geht dann zu den Jüngern hin und –für mich einer der schönsten Sätze- sagt dann: Steht auf, habt keine Angst! Vor diesem Gott müsst ihr keine Angst haben, ihr dürft gerade vor ihm stehen. Ihr müsst Euch nicht kleinmachen, ihr seid seine Ebenbilder. Und nachdem er das gesagt hatte, sahen sie nur noch ihn. Alles andere war wieder weg. Schöner kann man fast nicht ausdrücken, wie sich das Gottesbild, die Wahrnehmung von Gott durch den Menschen verändert hat.
Jesus hat den damaligen Menschen neue weiter entwickelte Aspekte Gottes vermittelt. Durch Jesus wurde Gott zum gnädigen, zum liebenden Gott, dessen Mittel der Verehrung nicht opfern und Angst war, sondern aufrichtige Liebe zu ihm und zum Nächsten. Auch hier aber noch einmal zum richtigen Verständnis: Nicht Gott hat sich verändert, auch wenn einem das erscheinen mag, wir und unsere Erkenntnis von Gott haben sich verändert!
Gott ist und bleibt immer derselbe, aber das was wir von ihm begreifen verändert und entwickelt sich, bis wir eines Tages so mit ihm eins sind, dass nicht nur Jesus, sondern auch wir verklärt sind!

Matthäus 25,14-29
-von der falschen Angst-

Gerecht- ungerecht? Sogar gemein? Ich weiß nicht, wie Sie das empfinden, was uns Matthäus hier zumutet.
Jedenfalls scheint uns hier ein Widerspruch vorzuliegen zu dem Gottesbild, das wir üblicherweise mit dem Neuen Testament verbinden. Oder soll das etwa gerecht sein, wenn dem noch mehr gegeben wird, der schon viel hat und dem noch genommen wird, der eh schon wenig hat?!
Wichtig ist zunächst der Zusammenhang dieser Textstelle:
Er steht nach der Erzählung von den zehn Jungfrauen und vor der Erzählung vom Weltgericht. Alle drei Erzählungen, so unterschiedlich sie erscheinen mögen, haben eines gemeinsam: Es geht um die Einstellung des Menschen, der sich an Gott orientiert.
Die erste Einstellung wurde im Evangelium von den zehn Jungfrauen dargelegt: Es sprach davon, wachsam zu sein, wachsam zu sein für die Zeichen Gottes in der Welt, es sprach davon, mit Gott zu rechnen, dass er da ist, nicht weit weg, nicht irgendwann kommend, sondern jetzt.
Das Evangelium vom Weltgericht ist uns ebenfalls sehr bekannt und erzählt davon, dass Gott uns im anderen begegnet, davon dass Gott sich mit jedem Menschen identifiziert. Alles, was wir einem anderen Menschen tun, tun wir Gott. Er identifiziert sich mit den Kranken, mit denen im Gefängnis, mit den Armen.

Die dritte Haltung drückt die Verse 14-29 aus: es geht darum, die Möglichkeiten auszunutzen, die einem mitgegeben werden.

Lassen Sie uns den Text noch einmal Schritt für Schritt betrachten:
Der Herr will verreisen: Er gibt sein Vermögen weiter, dem einen fünf, dem zweiten zwei und dem dritten ein Talent. Jedem nach seinen Fähigkeiten.
Dann kommt er zurück und will hören wie die Knechte mit dem Vermögen umgegangen sind.
Zunächst spricht mit dem ersten: Dieser hat fünf hinzugewonnen. Der Herr antwortet: „Recht so, Du guter und treuer Knecht. Du bist über weniges treu gewesen, ich will dich über vieles setzen."
Dann der zweite. Der Herr antwortet mit den gleichen Worten wie beim ersten.
Dann kommt der dritte: Der Herr antwortet: „Und den unnützen Knecht werft hinaus in die Finsternis draußen, da wird Heulen und Zähneknirschen sein."
Ich nehme an, dass Ihnen aufgefallen ist, dass die Antwort des Herrn bei den ersten beiden Knechten exakt die gleiche ist, obwohl der eine fünf und der andere nur zwei Talente dazu gewonnen hat. D.H. doch, dass es nicht auf die Quantität der Leistung ankommt, sondern darauf, dass es VERSUCHT wird, dass Einsatz gezeigt wird.
„Er hat sich bemüht", diese Formel, die bei uns eine vernichtende Kritik an der Leistung eines Angestellten ist, wird hier zur Tugend umgeformt: Er hat sich wenigstens darum gemüht!

Jeder bekam Talente nach seinen Fähigkeiten. So kann der eine dies, der andere das. Und daraus soll man etwas machen, es nicht verstecken, nicht sein Licht unter den Scheffel stellen. Matthäus ermutigt uns dazu, aus dem, was Gott jedem von uns mitgegeben hat, etwas zu machen.
Der dritte sagte: „Ich hatte Angst, etwas falsch zu machen. So habe ich mein Talent vergraben." Eindeutig das falscheste, was er machen konnte, was die Reaktion des Herrn beweist.
Mir sagt das Evangelium, dass wir keine Angst vor diesem Gott wegen unserer Leistungen oder Fehlleistungen haben müssen. Wir brauchen uns vor ihm nicht zu schämen, weil wir vielleicht weniger können als andere.
Der Gott Jesu Christi hat mit unserer Gesellschaft, in der DER der Größte ist, der am besten ist, nichts gemein!!
Im Gegenteil: er macht uns Mut, das weiterzugeben, was er uns an Fähigkeiten mitgegeben hat, auch wenn es vielleicht nicht so viel ist wie bei anderen oder etwas, das weniger allgemeine Anerkennung nach sich zieht wie andere Fähigkeiten.
Jede kann etwas, jeder ist mit diesen seinen Talenten wertvoll. In diesem Sinne gibt es im christlichen Sinne keine unproduktiven Menschen, die vielleicht von gar keinem Nutzen für die Gesellschaft sind. Das ist schlichtweg kein Maßstab Gottes und damit sollte er keiner von Christen sein.

Ein weiteres ist noch bemerkenswert: Der dritte Knecht scheint ganz weit von Gott entfernt zu sein: der Grund dafür ist die Angst: Er begründet sein Nichtstun mit der Angst vor dem Herrn und dessen möglicher Reaktion. Diesem Gottesbild sagt Matthäus durch diese Geschichte komplett ab. Dieser Gott ist kein Gott, der zu fürchten ist. Vielmehr ist er zu ehren, weil er uns mit Talenten ausgestattet hat, die wir nur zu nutzen brauchen.
Das schroffe Bild am Ende beschreibt eigentlich nur den Zustand, in den sich der Mensch selbst bringt, wenn er Angst vor Gott hat. Das Klappern der Zähne und das Weinen vor Angst bringen den Menschen in diese Situation. Er selbst bringt sich in Abstand von Gott, weil Angst nicht zu Gott führt, sondern von ihm fort. Du hast Dein Leben von Gott bekommen, mach was draus- und alles ist gut!
Wenn das nicht mal frohe Botschaft ist!

Markus 5,21-43
-vom heilenden Glauben-

Diese Geschichte bei Markus ist für ihn ausgesprochen ungewöhnlich.
Er hat ja das kürzeste Evangelium geschrieben: 16 Kapitel sind es bei ihm, während die anderen drei bis zu zehn Kapitel länger sind. Das heißt wiederum, dass er sich in der Regel kurz fasst. Bei ihm sind die Geschichten prägnant, klar und eindeutig. All das ist zunächst bei dieser Geschichte nicht festzustellen: Sie ist lang, sie hat mehrere Aussagen und braucht das genaue Hinsehen bevor man zum Kern vorgedrungen ist.
Auffällig ist ja, dass es zunächst mal zwei Geschichten sind, die miteinander verflochten sind und vermeintlich nicht viel gemeinsam haben:
Die eine Geschichte ist die Geschichte von einer alten Frau, die schon lange unter Blutungen litt, die sie ausgezerrt hatten. Sie lebte offenbar zurückgezogen, traute sich kaum unter Menschen und war ängstlich. Sie hatte aber von Jesus und der Kraft gehört, die von ihm ausging, so dass sie sich auf den Weg machte, nur um ihn zu berühren, in der Hoffnung dabei geheilt zu werden. Sie hatte vermutlich durch ihre Krankheit so viel Zurückweisungen erlebt, dass sie das automatisch auch von Jesus erwartete, sich somit nur an ihn von hinter heranschlich und sich nicht traute, offen mit ihrem Anliegen vor ihn zu treten.

Dabei bekommt sie die Chance sein Gewand zu berühren und es geschieht das, was sie gehofft hatte: sie wird geheilt.
Spannend ist ja, dass Markus hier nicht abbricht, sondern dann diese merkwürdige Schleife anfügt, in der Jesus zunächst bemerkt, dass ihn jemand berührt hat, weil Kraft von ihm ausströmte und er dann unbedingt wissen will, wer das war.
Was zunächst so aussieht als ob Jesus ärgerlich wäre, dass sich jemand da an ihn herangeschlichen hat, stellt sich als etwas ganz anderes heraus: Er will diese Frau nicht nur von ihrer Krankheit befreien, sondern auch von ihrer Angst.
Sie, die sich – weil sie sich ertappt fühlt- vor ihn hinwirft und alles endlich rauslassen kann, was sie über Jahre belastet hat, wird von ihm aufgerichtet.
Er nimmt sie ernst, sagt ihr: Meine Tochter, Dein Glaube hat dir geholfen, geh in Frieden. Du sollst geheilt sein. Nicht Furcht und Angst vor Gott ist nötig, sondern Vertrauen:
Jesus sagt mit seinen Gesten und seinem Tun: Du musst Dich vor Gott nicht niederwerfen, habe Vertrauen, Gottvertrauen und Selbstvertrauen- dann ist Dir geholfen. Dein Glaube, der Glaube an Gott und an Dich selbst hat Dir geholfen. Damit lebst Du in Frieden und bist geheilt!

Die zweite Geschichte beginnt schon vor der ersten, wird aber danach erst fortgesetzt.
Wir kennen sie: Die Tochter des Synagogenvorstehers Jairus liegt im Sterben, dieser bittet Jesus zu helfen und auf dem Weg zu ihr, stirbt sie. Jesus wird sogar ausgelacht, als er behauptet, dass sie nur schliefe, schickt alle aus dem entsprechenden Raum bevor

dann das Entscheidende geschieht: Er nimmt sie an der Hand und spricht sie an. Darauf reagiert sie, steht auf und geht umher.
Zwei Heilungsgeschichten, die vermeintlich nicht viel gemein haben.
Und doch: in beiden ist das Entscheidende die Ansprache Jesu, es ist entscheidend, dass er sie anspricht. Er nimmt sie ernst, rührt sie an. Die eine wird nur durch das Berühren des Gewandes angerührt und geheilt, die andere durch das Reichen der Hand: Zuwendung, Ernstnehmen, Eingehen auf die Person- und es geschieht Heilung.
Am interessantesten ist aber, dass beide Personen etwas gemeinsam hatten: Die Tochter des Jairus war 12 Jahre alt, während dessen die alte Frau 12 Jahre unter ihrer Krankheit litt. Es waren also die gleichen 12 Jahre: Während die Tochter des Jairus aufwuchs, haben an der kranken Frau die ständigen Blutungen gezehrt. Die eine hat sich in diesen Jahren entfaltet. Die andere war zunehmend eingeschränkt. Jetzt scheint das Leben des Kindes an der Schwelle der Pubertät am Ende.
Die Möglichkeiten der Frau sind es auch: Sie hat ihr Vermögen ausgegeben. Zweimal 12 Jahre menschlicher Biographie- sollten die Grenzen des Lebens so eng gesteckt sein?
Die Frau und das Mädchen kennen sich nicht. Sie treffen sich nicht. Und doch sind sie miteinander verbunden: in der heilsamen Begegnung mit Jesus. Das Leben, das der einen im Blut davonläuft, das Leben, das die andere aushaucht- es kehrt durch Jesus an seinen Platz zurück. Jesus erweitert die Begrenzungen des Lebens.
Darauf zu vertrauen, darauf zu setzen, das macht den Glauben in dieser Geschichte aus, das macht aus diesen beiden Geschichten eine. Der Glaube der Eltern und der Glaube der alten Frau werden damit zu EINEM Zeugnis dafür, dass durch Jesus das Leben kommt. Wohl denen, die einen solchen Glauben haben!

Markus 9,2-10
-Gott trifft Mensch-

Zunächst hat man bei diesem Text den Eindruck dass es nur um Jesus geht- nur um das, was an ihm geschieht, nicht das, was an den Jüngern geschieht.
Das ist zunächst auch wahr: Jesus wird verwandelt und über ihn spricht die Stimme aus der Wolke.

Aber es kommen ja auch noch die anderen vor: Petrus, Jakobus und Johannes.
Sie werden genannt als diejenigen, die Jesus auf die Seite nimmt und auf einen hohen Berg führt.
Es ist jedenfalls interessant ebenfalls einen Blick auf diese drei zu werfen. Sie tauchen ja immer mal wieder zusammen auf, z.B. im Garten Gethsemane;
oder beim Evangelisten Johannes begegnen diese drei dem Auferstandenen.

Bemerkenswert ist, dass diese drei in der Garten-Gethsemane Szene diejenigen sind, die schlafen und Jesus in seiner Angst alleine lassen.
Die gleichen drei Jünger also, die hier an dieser Textstelle ein überwältigendes Erlebnis mit Jesus haben. Das macht sie so menschlich und entfernt sie nicht von uns., denn mir sagt das, wenn denen, die an so entscheidender Stelle versagen, so eine Erfahrung ermöglicht wird, dann sollte das auch für uns möglich sein. Gott macht seine Begegnung nicht abhängig von unseren Leistungen. Jedem von uns ist es möglich, Gott in seinem Leben zu begegnen, etwas von ihm kennenzulernen.

Danach geschieht noch etwas interessante: Die Jünger sehen Moses und Elija mit Jesus reden. Moses und Elija stehen hier für die jüdische, israelitische Tradition. Moses für die Thora, die fünf Bücher Mose also und Elija als erster der Propheten für die alttestamentliche Prophetenüberlieferungen. Und beide werden von den Jüngern als im Gespräch mit Jesus gesehen.
Für die damaligen Hörer des Evangeliums. war dies sicher ganz wichtig: Der Glaube an Christus schließt den Glauben an die jüdische Tradition nicht aus. Im Gegenteil: Beide sind im Gespräch.
Das wiederum heißt für uns: In der Begegnung mit Jesus gehen uns ganz wichtige Dinge auf. Umgekehrt: Wichtige Dinge wollen im Gebet besprochen werden, um zu einer vernünftigen Entscheidung zu kommen.

Für die drei Jünger erscheint all das, was die Propheten vergangener Zeiten gepredigt haben, auf einmal in einem anderen Licht, all das passt auf einmal haargenau auf Jesus. Sie sehen ihn mit ganz anderen Augen.

Und noch etwas geht ihnen in diesem Moment, den wir Verklärung nennen, auf: Die Jünger dürfen sozusagen einen Blick in die Zukunft werfen. Sie sehen Jesus wie er ist und wie er nach seiner Auferstehung sein wird. Und sie sehen darin vor allem gleichzeitig, wie sie selbst einmal sein werden. Sie dürfen erleben, dass Leid einmal überwunden wird. Dass der Mensch zu einem schöneren und strahlenderen Leben berufen ist. Und das alles kommt zusammen in einem einzigen Augenblick. Vergangenheit, Gegenwart und Zukunft sind eins, die Zeit steht still – das ist Himmel.

Nach dem die Jünger nun all dies so erlebt haben, sind sie so begeistert, dass sie das natürlich alles festhalten wollen. Das was sie erlebten sollte Bestand haben. Der Evangelist drückt das mit dem Wunsch der Jünger aus, drei Hütten bauen zu wollen. Aber wir alle wissen, dass das nicht geht. So schön es wäre, leider geht´s nicht. Glücksmomente können wir nicht festhalten, sie gleiten uns zwischen den Fingern hindurch. Glücksmomente sind nichts Alltägliches. Es sind Höhepunkte des Lebens: Deswegen findet alles das auch auf einem Berg statt, nicht da, wo die Jünger Tag für Tag leben.

Die Verklärung geht vorbei und die Welt bleibt, wie sie ist. Und trotzdem: Die Welt ist nun verändert, weil wir sie einmal anders gesehen haben.

Das ist wie mit einer wunderschönen Musik: Irgendwann ist sie vorbei- und trotzdem klingt sie in unseren Herzen weiter und prägt unser Leben. Wir können sie nicht festhalten, aber wir brauchen sie. Wir brauchen diese Verklärungen, diese Taborstunden in unserem Leben, um eine andere Sicht des alltäglichen Lebens zu bekommen. Diese Taborstunden lassen uns die Karfreitagstunden besser bestehen, um es mal etwas pathetisch auszudrücken.

Mancher wird jetzt vielleicht denken, dass das alles ganz gut klingt- ,aber wenn es denn mal so einfach wäre.
Sicher, Gotteserfahrungen zu haben ist nichts Alltägliches. Etwas, von diesem Gott zu begreifen ist nicht der Normalfall.
Vielleicht liegt es an der Bedingung für diese Erfahrung: auch die steht in der Erzählung: Jesus führte die Jünger auf den Berg und auch wieder hinab in die Alltäglichkeiten. Offenbar ist dies alles nur möglich, wenn man diesem Jesus wirklich hinterher geht, ihm folgt. Gotteserfahrungen kann man offensichtlich nicht selber produzieren, sondern sind nur möglich als „sich-öffnen" für diesen Gott.

Die Autorin Ilse Schulenburg hat es so ausgedrückt:
„Und jetzt holt uns der Alltag wieder ein. Da ist der Ort, uns zu bewähren. Das Ungewöhnliche, das uns gestern noch Flügel hab, ist heute unsere Kraft, um aufrecht zu stehen."

Lukas 10,38-42
-vom Wert der Ruhe-

Lassen Sie uns diese bekannte Textstelle noch einmal durchgehen:
Da ist eine Frau, Marta, die Jesus aufnimmt, ihn in ihre Wohnung lässt, in ihr Haus. Sie hält also eine Tür geöffnet für Gott, sie hat ein offenes Herz für Gott, sie findet Gefallen an ihm und lässt ihn ein, sie öffnet sich ihm.
Und als er dann bei ihr ist, sorgt sie für ihn. Man kann sich das richtig vorstellen, wie sie durch´s Haus läuft, bemüht, die besten Dinge zu kochen, den besten Wein aus dem Keller zu holen; sie will es dem Besucher recht machen. Sie ist ein gutes Beispiel von Gastfreundschaft. Sie war ganz von diesen Arbeiten in Anspruch genommen, heißt es im Text: Dem Herrn soll es gut gehen. Sie hatte nichts anderes im Kopf.
Kein Wunder, dass es ihr, Marta, ein Dorn im Auge ist, dass ihre Schwester nichts Besseres zu tun hat, als sich bei Jesus hinzusetzen, seinen Worten zuzuhören, anstatt ihr zu helfen, das Beste für den Gast herzurichten. Denn eigentlich säße sie ja auch gern zu seinen Füßen und würde zuhören. Aber sie meint eben, zuerst müsse die Arbeit getan werden, müsse gesorgt und geackert werden bis zur Selbstaufopferung. Sie will dem Herrn gefallen, denn schließlich hatte sie ja gehört, dass sie den Nächsten lieben soll. Also sieht sie zu, dass sie von 0-24h unterwegs ist, überall ihre Finger drin hat, um damit ihr schlechtes Gewissen zu beruhigen, was sie zweifellos hätte, würde sie sich auch zu den Füßen von Jesus setzen.
Was das Interessante daran ist, ist, dass sie auch noch glaubt, dass sei Gott, dass sei Jesus recht. Dass es in seinem Sinne sein, wenn sie bis zum Umfallen für die anderen da ist; während es in ihren Augen schlecht sein muss, wenn jemand anscheinend faulenzt und die Arbeit die anderen machen lässt.
Da hofft sie nun auf die Unterstützung Jesu. Deswegen fordert sie ihn auf: „Herr, sag Marta doch bitte, sie solle mir helfen; ich schufte hier, und sie hat nichts besseres zu tun als nichts zu tun."
Aber da wird sie bitter enttäuscht. Jesus antwortet genau mit dem Gegenteil: „Maria hat das bessere erwählt" Und damit sagt er eigentlich: „Und du Martha hast das schlechtere erwählt"---das ist hart. Und es entspricht auch nicht im Geringsten unserem Gerechtigkeitsgefühl. Ich denke, dass in unseren Augen, Martha eigentlich recht hat und Marias Verhalten war in insgeheim beneidet wird, aber im Grunde als falsch angesehen wird. Und davon sagt Jesus, es sei richtig so.
Was hat Maria denn getan? Sie hat sich Jesus zu Füßen gesetzt und seinen Worten zugehört. Sie hat Jesus, sie hat Gott –ebenso wie Martha gefunden, entdeckt und in ihr Haus gelassen- aber sie will ihn nicht wieder hergeben. Sie stürzt sich auf ihn, sie ist begierig darauf noch mehr von ihm zu hören. Sie weiß, dass sie Gott nicht umsorgen muss, sondern, dass Gott sich um sie sorgt. Deshalb setzt sie sich zu ihm hin und hört ihm einfach zu, tankt auf, lässt Jesu Worte als Lebensquelle in sich hinein.
Da liegt der Unterschied zu Martha: Diese hat auch Jesus entdeckt, aber dann macht sie nicht weiter. Sie bleibt in ihrem Denken, und lässt Gott sitzen, alleine sitzen. Das einzige, was ihr bleibt, ist der Neid auf die Schwester; denn sie merkt schon, dass sie das, was

Maria macht auch nötig hätte, aber sie stellt sich selbst den Anspruch bis zur Selbstaufopferung zu arbeiten, ohne Rücksicht darauf, dass sie auch mal auftanken muss.
Schade, dass man nicht weiß, wie die Geschichte ausgegangen ist. Ob Marta nun beleidigt war, ob es zum Streit gekommen war? Vielleicht auch nicht. Vielleicht ist Maria dann auch zu Jesus gegangen, vielleicht ist es ihr wie Schuppen von den Augen gefallen. Vielleicht fiel ihr dieses ganze Tun, dieser Ballast endlich wie ein Stein vom Herzen, vielleicht konnte sie selbst sich ohne schlechtem Gewissen ein paar Minuten Ruhe gönnen. Vielleicht?!
Aber was soll man tun, wenn alle um einen herum leben wie Martha? Wenn alle denjenigen, der mal etwas für sich selbst tut als faul ansehen.
Ich denke, am besten ist sich klarzumachen, dass ich für die anderen viel besser zur Verfügung stehen kann, wenn ich selbst zwischendurch auftanken kann; indem ich versuche auf Gottes Wort zu hören, mich sozusagen zu seinen Füßen setze. Und indem ich mir klar machen, dass ich das Schlechtere erwählt habe, wenn ich rastlos durch die Gegend laufe. Auch und gerade in den Augen Gottes.

Lukas 12,1, 32 ff
-kommt er oder kommt er nicht?-

„Der Menschensohn kommt zu einer Stunde, da ihr es nicht vermutet."
Ein Satz wie eine Ohrfeige.
Da steht nicht, er kommt, wenn es die und die nicht vermuten, sondern da steht: „da ihr es nicht vermutet"
Damals also schon. Dieses Evangelium ist ja um 80 n. Chr. geschrieben und ist damit ein Zeugnis dafür, dass nach der anfänglich starken Hoffnung auf die baldig erwartete Wiederkehr Jesu nach seiner Himmelfahrt, diese Hoffnung schnell versiegte. Man begann sich in die Situation einzurichten, man begann Institutionen zu bilden, man begann sich zu organisieren.
Und jetzt mal ehrlich: „Wer von uns rechnet denn wirklich mit der Wiederkehr Jesu? Wer von uns lebt denn aus der Erwartung, dass Gott eines Tages sein angekündigtes Reich hier vollenden wird? Und nicht nur eines Tages, sondern u.U. heute?
Wie weit weg erscheint doch den allermeisten dieser Gedanke, dass Gott sich so in die Welt einmischt, bis sich alles so verändern wird, dass man von Reich Gottes sprechen kann? Wer traut ihm das zu?
Ist Gott nicht eher der, der für das Jenseitige zuständig ist, während wir lieber alles selber absichern, das Weltliche ohne ihn regeln, während Gott vornehmlich für diejenigen Situationen zuständig ist, in denen wir nicht mehr weiter wissen, keine andere Möglichkeit mehr sehen?
Und doch spricht das Neue Testament eine andere Sprache. Es spricht von einem Gott, der sich einmischt, der sich sozusagen für die ganze Welt interessiert und der kommen wird, da wir es nicht vermuten.
Nun gut, man könnte sagen, was soll das alles, wir haben doch Wichtigeres zu bedenken als die Frage, ob wir nun mit Jesus rechnen oder eben nicht. Vielleicht- aber diese Frage ist keinesfalls unwichtig, denn das Leben in der Erwartung des Wiederkommens Jeus hat ja einen Zweck, einen Sinn und es hat vor allem Auswirkungen.
Zunächst mal zu einem Zweck, den es sicher NICHT hat: den, Angst zu machen. Es geht nicht darum, dass wir möglichst klein, verdruckst und demütig aus Angst vor unseren Sünden leben sollen, nicht darum, dass wir uns verstecken und einschließen sollen, um ja nichts verkehrt zu machen, da Jesus ja jederzeit wiederkommen könnte. Das Sprechen von der Wiederkunft Jesu ist kein pädagogisches Mittel, mit dem Kinder erzogen werden können und sollen, nach dem Motto: Vorsicht, leb in Ordnung, Jesus könnte gleich wiederkommen. Warum nur hält sich immer noch dieses Gottesbild wie stinkender Rauch in der Kleidung nach einem großartigen Fest? Es scheint nur schwer auszuwaschen zu sein, dieses Bild von dem alles -vor allem das schlechte- sehenden Gott.
Nein, es geht um etwas anderes: Etwas, das jeder an seinem eigenen Leben erkennen kann und etwas, was sich in der Geschichte der Kirche immer wieder findet: Wenn wir nicht mit Gott rechnen, wenn wir nicht auf sein Leben setzen, versuchen wir, uns das Leben selbst zu sichern, im persönlichen Leben mit der Anhäufung von Dingen, die uns

absichern, ebenso wie im institutionellen Bereich der Kirche, die immer versucht ist, ihre Position zu festigen, Macht zu bekommen und zu erhalten, damit sie niemand auslöschen kann. Und das ist auch die Gefahr, die das Evangelium sieht. Da heißt es: Fürchte dich nicht, kleine Herde, denn es hat eurem Vater gefallen, euch das Reich zu geben. Verkauft eure Habe und gebt den Erlös den Armen. Macht euch Geldbeutel, die nicht zerreißen. Verschafft euch einen Schatz, der nicht abnimmt, droben im Himmel, wo kein Dieb ihn findet und keine Motte ihn frisst. Denn wo eurer Schatz ist, da ist auch euer Herz." Es geht bei der Erwartung der Wiederkunft Jesu darum, den Kontakt mit ihm nicht zu verlieren. Wir dürfen nicht von anderen Dingen abhängig werden. Das Leben der Kirche und desjenigen, der in ihr lebt, lebt nicht von der Sicherung von Pfründen und Schätzen, die der Dieb holen kann oder die von den Motten zerfressen werden, wie es das Evangelium so schön drastisch sagt, sondern von der Sehnsucht nach dem Schatz im Himmel, von der Sehnsucht nach dem Leben mit Gott.

Was heißt das nun konkret?

Für die Kirche: Das sind wir uns vermutlich ziemlich schnell einig. Sie darf sich nicht verlieren im Festhalten an Positionen, die ihr Macht in der Gesellschaft geben, sie aber so in Beschlag nimmt, dass sie das Eigentliche vergisst. Die Kirche des Gekreuzigten ist keine Siegerkirche, sondern die Gemeinschaft eines von der Gesellschaft Ausgestoßenen. Die Kirche darf sich nicht der Illusion hingeben, dass sie stark ist und bleibt, wenn ihr der jeweilige Staat Gehör schenkt. Die Kirche lebt aus anderen Quellen als dem Beifall des mainstreams.

Und für jeden Einzelnen? Wie so oft ist das mit der Frage verbunden: Wovon hänge ich ab? Was ist das Fundament meines Lebens? Dinge, die zum Schatz im Himmel werden oder Dinge, die von den Motten zerfressen werden?

Das Evangelium ist Aufruf dazu, die Sehnsucht nach dem erlösenden, befreienden Gott in uns lebendig zu erhalten.

Lukas 15, 11-32

- der barmherzige Vater-

Diese Erzählung Jesu braucht keine Auslegung. Sie spricht für sich selbst. Und doch hören wir jedes Mal etwas anderes, je nach eigener Lebenssituation. Mal fühlen wir uns wie der zurückgebliebene Sohn, mal wie der gegangene und mal wie der Vater.
Deswegen möchte ich auch die einzelnen Personen dieser Erzählung ein wenig näher betrachten.
Zunächst zum älteren Sohn:
Er wird hier vor allem als derjenige charakterisiert, der alltäglich treu seine Pflicht erfüllt. Eigentlich doch etwas Positives und doch hat er es schwer, unsere Sympathie auf sich zu ziehen. Und das, obwohl er doch –oder vielleicht gerade deshalb- unserem eigenen normalen Leben sehr nahe ist.
Er ist beim Vater geblieben. Er hat sich der Sorge um den Besitz des Vaters und um den Vater selbst nicht entzogen. Er hat sich um den Betrieb gekümmert und kommt jetzt wahrscheinlich ziemlich müde vom Feld heim. In alltäglicher, treuer Pflichterfüllung hat er die Jahre gelebt.
Nun kommt der Bruder zurück, der sich um all das, was dem Älteren seine Lebensordnung bedeutet hat, nicht gekümmert hat. Das war dem vollkommen egal- gerade das, was dem anderen so wichtig war. Der Jüngere ließ ihn allein, auch mit der Aufgabe, dem Vater im Alter beizustehen. Und trotzdem wird jetzt vom Vater solch ein Aufhebens um den Jüngeren gemacht.
Vielleicht hat der ältere Sohn in den Jahren öfters an seinen Bruder wie an eine Versuchung gedacht: Vielleicht wäre er auch gerne mal verschwunden, hätte gerne alles hinter sich gelassen.
Wir alle kennen doch das Gefühl. Die Illusion von vielen Freiheiten und Abenteuern in anderen Gegenden, jedenfalls immer da, wo man gerade selbst nicht ist. Die Illusion all die Pflichten hinter sich zu lassen, die einen im Leben tagtäglich beschäftigen und manchmal quälen. So hat sich wahrscheinlich im älteren Bruder eine Mischung aus Groll und Neid gegen seinen jüngeren Bruder aufgebaut.
Was der Vater dann mit dem Jüngeren tut, muss vom Älteren geradezu als gefährlich empfunden werden. Es ist ja fast so etwas wie eine Anstiftung zur Pflichtvergessenheit, zur Flucht aus der Lebensordnung.
Für so gefährlich haben diejenigen, die z.Zt. Jesu die Ordnung zu schützen hatten, diese Geschichte Jesu empfunden, dass sie eben wegen solcher Geschichten Jesus aus dem Leben des Volkes entfernen wollten.
Der Ältere ist kein schlechter Mensch, er ist grundsolide. Der Vater macht ihm auch keinen Vorwurf, dass er nicht mitfeiern will. Er kommt heraus und redet ihm gut zu, bittet ihn damit um Verständnis für seine, des Vaters Verrücktheit; denn als verrückt muss den Brüdern ja das Benehmen des Vaters erscheinen. Wie nahe es gelegen hätte, den Jüngeren wenigstens erst einmal wieder unten anfangen zu lassen und ihm dadurch etwas spüren zu lassen, was er dem Vater und dem älteren Bruder angetan hatte. Der Jüngere drückt das ja sogar selbst so aus. Er bittet ja um die Aufnahme in die Reihe der

Tagelöhner. Er weiß, dass er eigentlich nach den verpfuschten vergangenen Jahren die Position des Sohnes nicht mehr verdient hat.

Zum Vater:
Was dem Älteren fehlt ist das Verständnis für den Vater. Er hat keine Ahnung wie es in diesem aussieht- und vielleicht auch nicht, wie es in ihm aussah als der Bruder das Haus verließ. Das zeigt sich im Moment der Wiederkehr des Sohnes. Der Vater hat wahrscheinlich unglaublich um diesen Sohn getrauert. Er konnte nicht so leben als hätte er diesen Sohn nie gehabt. Er konnte ihn nicht aus seinem Herzen vertreiben. Es wurde ihm schwer sich ohne diesen Sohn seines Lebens zu freuen, denn schließlich musste er damit rechnen, ihn nie wieder zu sehen. Das Verhalten des Vaters ist nur zu verstehen, wenn man eine Ahnung von seiner Trauer bekommt, die sich dann bei der Heimkehr des Sohnes so überwältigend in Freude wandelt.
Diese Geschichte ist so anrührend, weil wir Jesus nach, diesen Vater der Erzählung mit Gott gleichsetzen dürfen. Er erzählt also von einem Gott, der trotz aller Irrwege, die in den vorherigen Kapiteln bei Lukas so eindringlich beschrieben wurden, nicht aufhören kann, seine Geschöpfe, die Menschen zu lieben; jeden Einzelnen, alle zusammen und die Welt als Ganzes als ihren Lebensraum. Wenn das Leben irgendwo so gelebt wird, dass es sich nicht entfalten kann, wenn es ruiniert und zerstört wird, wenn es sich von sich selbst entfremdet und sich verirrt hat, dann ist bei Gott Trauer. Diese Trauer ist Ausdruck für seine Treue. Diese Treue ist die uns nicht loslassende Liebe Gottes. In seiner Trauer wartet Gott sozusagen auf die Heimkehr des Menschen.
Jesus stellt Gott sehr überraschend dar: Bei der Heimkehr des verlorenen Sohnes wird nicht nur der Mensch befreit, sondern wird auch Gott aus seiner Trauer erlöst. Eine unglaubliche Geschichte- und deswegen muss das Fest gefeiert werden: deswegen der Ring, die Sandalen und das neue Kleid, das Mastkalb, die Musik und der Tanz.

Zum jüngeren Sohn:
Wenn wir zum Ende auf den jüngeren Sohn schauen, dann ist EIN Wort der Erzählung Jesu besonders wichtig. Es heißt dort, dass der Vater, der ihn von Ferne sah, Mitleid mit ihm hatte und ihm mit diesem Mitleid entgegenging, ihm um den Hals fiel und küsste.
Der Vater sah: Dieser, der da kommt, braucht keine Strafe. Er muss nicht erst durch Erziehungsmaßnahmen meinerseits zu spüren bekommen, was er angestellt hat- so wie Eltern oft wenigstens für kurze Zeit ein finsteres Gesicht machen, damit ihre Kinder merken, dass sie sich lieblos verhalten haben.
Bei diesem jüngeren Sohn ist das offenbar anders und nicht von Nöten: Dieser hatte den Tod berührt, er kommt aus der Ferne, aus der Fremde, in der er unter sich selbst gelitten hat, er trägt all das Leid mit sich, das der Verrat am Vater verursacht hat.
Leid ist wohl nicht das, was am Anfang von leichtfertig oder bösartig begonnenen Abwegen vom richtigen Lebensweg steht; aber wenn diese Wege gegangen werden und Menschen sich dann erinnern, woher sie kommen und wohin sie gehören, wenn sie sehen, wie weit sie sich entfernt haben und wie tief sie selbst dadurch verletzt wurden; wenn sie dann der Reue Raum geben brauchen sie nicht Verurteilung und Strafe, dann brauchen sie in ihrem Leid den Trost und die Annahme.

Was mag in dem Jüngeren vorgegangen sein als ihm der Vater auf diese Weise entgegen kam und ihn in die Arme schloss, als er sich festlich geschmückt im Mittelpunkt eines rauschenden Festes sah?
Das Evangelium erzählt uns nichts davon. Doch sollten wir diese Fragen nicht auslassen. Sie haben etwas mit dem zu tun, wie wir einmal die Erfahrung Gottes erhoffen dürfen, wenn wir erkannt haben, wer, und vor allem wie er ist. Das Fest, auf das wir uns alle mit unserem Leben hinbewegen, ist ja das Fest des hier beschriebenen Vaters, der endgültig aus dem Tod in das Leben holt und das Wiedergefundene feiert. Unser Part in diesem Gleichnis ist doch wohl der des jüngeren Sohnes, der Part des Wiederheimgekehrten. Wir sind diejenigen, die von Gott mit einem großen Fest gefeiert werden.
Liebe Gemeinde, die heutige Erzählung gehört wohl zu den kostbarsten der Bibel und vielleicht der religiösen Geschichten im Gesamt.
In ihr erzählte Jesus damals seinen Zuhörern und damit uns heute eine tiefe Wahrheit über die Welt und uns selbst: Gerechtigkeit in unserem Sinne ist wichtig, um bestimmte gesellschaftliche Ordnungen aufrechtzuerhalten. Wenn es aber darum geht, Menschen und die Welt zu heilen, dann ist Barmherzigkeit gefragt- und zwar aus einer Liebe, die trauert angesichts all des Lebens, das nicht zum Leben kommt. Von dieser Wahrheit Gottes erzählt Jesus. Und er erzählt davon nicht wie von etwas Zukünftigem, sondern er erzählt von dem, was mit ihm schon beginnt. Er erzählt davon, wie in der Begegnung mit ihm, Menschen heimfinden können, befreit werden können. Das ist wohl das herrlichste der Geschichte- zu wissen, dass da immer wieder im Leben und bis ans Lebensende die Chance besteht, erfülltes Leben zu finden, ein Leben, in dem man zufrieden mit sich und seiner Welt ist, ein Leben, in dem man nicht immer wieder hinaus muss, weil man auf der Suche ist; sondern ein Leben, in dem man etwas gefunden hat, das einen leben lässt.

Lukas 21, 25-36
-von der Entscheidung-

Entscheidung steht über allen Adventssonntagen.
„Entscheidung für die Welt" könnte als Überschrift über diesem Text aus dem Lukasevangelium stehen.
Nun kann man das von zwei Seiten aus sehen: einmal vom Menschen aus, und einmal von Gott aus. Heute möchte ich mich auf das letztere konzentrieren: Gott entscheidet sich für diese Welt.
Unser Glaube nun sagt, dass Gott das von Anfang an tat. Allein die Erschaffung der Welt aus Liebe ist ein Zeichen für die Entscheidung Gottes für diese Welt. All das, was wir in unserer heiligen Schrift finden, aber auch in so vielen anderen Schriftzeugnissen der großen Religionen dieser Welt sind voll von der Erkenntnis, dass sich dieser Gott dieser Welt immer wieder zuwendet, sich für sie entscheidet.

Nun, das klingt ja ziemlich abstrakt, „Gott hat sich für diese Welt entschieden" .Wer auf diverse und immer wiederkehrende Katastrophen schaut, hat manchmal seine Zweifel, ob Gott sich tatsächlich für diese Welt entschieden hat und nicht vielleicht eher, dass er sie erschaffen hat, sie dann aber ihrem Schicksal überlassen hat und sie nun beim Spiel der Freiheit beobachtet.

Unser Glaube und der Glaube vieler, die vor uns gelebt haben, lehrt uns allerdings trotz aller Notlagen etwas anderes: Gott ist da, er lässt uns nicht allein, er interessiert sich für das von ihm in die Welt Gesetzte.
Und dafür ist m.E. auch diese Schriftstelle ein Zeugnis, so schwer das zu Beginn auch vielleicht zu erkennen ist.
Beim ersten Blick auf diesen Text könnte man ja zu der Sichtweise kommen, dass Gott all diese Katastrophen, alle Ängste und Nöte schickt, um anzukündigen, dass er wiederkommt. Wie furchtbar, wie pervers diesem Gott gegenüber. Nein, Gott schickt doch nicht das entsetzliche Sterben von Menschen in den vielen Kriegen dieser Welt, um sein Kommen anzukündigen. Auch wenn Filme wie „2012" uns in Endzeitstimmung bringen sind der Klimawandel, Tote in Afghanistan, Irak oder Darfur kein Zeichen für das Kommen des Menschensohnes.
Oder die Zahlen des Ernährungsgipfels, nach denen etwa 900 Millionen Menschen zu den Hungernden gezählt werden müssen oder die ständig zunehmende Ausrottung von zahlreichen Pflanzen- und Tierarten sind doch keine von Gott gesetzten Zeichen dafür, dass er kommt. Er vernichtet doch nicht einen Teil seiner geliebten Schöpfung, um das Kommen des liebenden Menschensohnes anzukündigen?!

Nein, nicht Gott schickt solche Zeichen, der Mensch verursacht all dies, sonst niemand.
Seit Christus, interpretieren Menschen diese Stelle im Lukasevangelium als Zeichen für das Kommen Gottes, als von ihm gesetzte Zeichen für das Ende der Welt. Unsinn!

Vielleicht sind es Zeichen für das Ende der Welt, aber nicht von Gott gesetzte. WIR setzen diese Zeichen!
Und da hinein setzt Gott sein „Richtet euch auf und erhebt euer Haupt, denn es nahet eure Erlösung“
Er will Mut machen und sagen, obwohl diese Welt so ist wie sie ist, komme ich, bin ich da, entscheide mich für diese Welt. Das ist DIE Advents- und Weihnachtsbotschaft. Gott entscheidet sich für diese Welt! Und wir setzen die Zeichen, so wie ich es eben gesagt habe.
Darin liegt wohl unsere Aufgabe als Christen: im Zeichen setzen. Andere Zeichen zu setzen als andere es tun. So verstehe ich den zweiten Satz der Aufforderung Gottes: „Wachet und betet“. Wachet und betet heißt für mich: Setzt Zeichen in der Zeit gegen die Zeichen, die andere setzen. „Wachen“ heißt „aufmerksam sein“ für das, was geschieht.
Dieses Evangelium ist nicht Vertröstung auf irgendein Jenseits, es ist Trost, dass Gott gerade in schlimme Situationen hinein kommt und dabei von uns erwartet, Zeichen für unseren Glauben an sein Handeln in dieser Welt zu setzen.
Dieses Evangelium sagt mir: „Geht nicht auf in den Sorgen dieser Welt- sie sind groß und manchmal entsetzlich, aber vertraut, dass ich komme, orientiert euch an mich, setzt etwas gegen die Angst, wacht auf, gebt euch nicht der Katastrophenstimmung hin, ihr könnt etwas tun- und ich werde dabei sein.
Entscheidend ist bei dem Satz „Wachet und betet“ aber nicht nur das „Wachet“ , sondern auch das „Betet“. Beten heißt für mich in diesem Fall, im Gespräch mit Gott bleiben, um einen Maßstab für das zu erhalten, welche Zeichen er in dieser Welt, für die er sich entschieden hat, setzen will.
Beten heißt dann für mich, eine Unabhängigkeit zu bewahren von allen Meinungen und Stimmungen, die uns umgeben und beeinflussen. Beten heißt dann, zu suchen, was Gott wohl in dieser Welt möchte.
Aus dem Gebet erwächst dann die Kraft zur Aufmerksamkeit und zum Aufrichten. Richtet euch auf gegen all das Unrecht in dieser Welt; denn: Gott hat sich für uns entschieden, er kommt GERADE in eine Welt, die voll von Katastrophen ist. Er will uns Mut machen überall dort aufzustehen, wo Unrecht geschieht. Richtet euch auf und erhebt euer Haupt, denn es nahet eure Erlösung!

Johannes 1,1-18

-Gott oder doch nur Mensch?-

Dieser Text ist so anders als viele andere biblische Texte.
Es geht sonst oft um Wundererzählungen, um große Reden Jesu, um Anfragen seiner Jünger oder Auseinandersetzungen mit den Pharisäern oder anderen jüdischen Denkrichtungen.
Der Text heute kommt einem vor als wäre man in einer Vorlesung im Fach Philosophie gelandet. Da gibt es ausgefeilte Formulierungen, abstrakte Begriffe, wie Gesetz, Gnade und vor allem das Wort „Wort". Und wollte man diesen Text mit allen Hintergründen erklären, könnte man tatsächlich eine ganze Reihe philosophischer Vorlesungen daraus machen.
Das hat damit zu tun, dass diese ersten 18 Verse des Johannesevangeliums das Ergebnis langen Nachdenkens über EIN Faktum ist: Die Geburt Jesu in Bethlehem. Mit vollkommen anderen Worten wird hier noch mal die Bedeutung der Geburt dieses Menschen Jesu erzählt.
Als Johannes diesen Text aufschrieb, lag die Geburt Jesu etwa 110 Jahre zurück und sein Tod knapp 80 Jahre. In dieser Zeit hatten sich Gemeinden gebildet, hatten sich bereits bestimmte Strukturen verfestigt, waren schon Ordnungen entstanden, wie z.B. Gemeinden miteinander zu leben hatten oder welche Ämter es geben sollte.
Auf anderen Ebenen, auf philosophischer z.B. geschah die Auseinandersetzung mit der geistigen Umwelt, die vor allem vom griechischen Denken her bestimmt war.
Auch heute gibt es ja ganz bestimmte Gedankengänge, die üblich und populär sind, denen wir oft unbewusst unterliegen, die man vielleicht als Zeitgeist beschreiben könnte. Damals war das ähnlich und es wurde in weiten Teilen der bekannten Welt von Griechenland her beeinflusst.
Wie gesagt, dieses Evangelium ist das Ergebnis eines Nachdenkens über das, was Jesus, dieses konkret geborene Kind denn nun wirklich gewesen ist.
Fragen könnten damals gewesen sein:
Ist Jesus ein Mensch gewesen, der vorbildlich gelebt hat oder war er ein Mensch, der von Gott besonders geliebt wurde?
Oder: war es blasphemisch, wenn der behauptet haben sollte, Gottes Sohn zu sein?
Oder: war er Gott selbst, der nur so getan hat als sei er Mensch?
Johannes jedenfalls kommt zu dem Schluss, dass Jesus mehr war als nur Mensch, er kommt zu dem Schluss, dass dieser Jesus schon immer bei Gott war, unlöslich mit ihm verbunden war, beteiligt war an dem, was Gott getan hat.
Und er kommt zu dem Schluss, dass die Rettung, die Erlösung des Menschen nur durch Jesus möglich ist.
Dem ist ein langes Nachdenken vorausgegangen, denn es waren Aussagen, die ungeheuerlich waren, zumindest für jüdische Ohren: Ein ganz konkreter Mensch soll schon immer bei Gott gewesen sein, soll dann Fleisch geworden sein, um in der Sprache

des Evangelisten zu bleiben, um dann nach Tod und Auferstehung wieder ganz bei Gott zu sein?
Wären wir heute noch in solchen theologischen Fragen zu Hause könnten wir uns noch besser vorstellen, welcher Skandal das gewesen sein muss.
Heute ist uns das wahrscheinlich ziemlich gleichgültig. Wenn es bei uns um theologische Fragen geht, geht es gleich an die grundsätzliche Frage, ob es überhaupt Gott gibt.
Auch wenn das sicher so ist, möchte ich doch die Gelegenheit nutzen, darzustellen, weswegen die Frage, ob Jesus denn nun auch ganz Gott war, wichtig ist.
Ich denke jedenfalls, dass wir ohne diese Aussage, unseren Glauben mit all dem, was er bedeuten kann, an den Nagel hängen können.
Gut, ohne das, könnten wir Jesus z.B. als vorbildlichen Menschen verehren, als jemanden, der sehr weise war, als jemanden, der soziale Missstände angeprangert hat.
Wir könnten ihn verehren als großen Propheten, der wie Jesaja, Jeremia oder Ezechiel Großes von Gott erzählt hat. Ja, selbst damit wäre Jesus noch eine wichtige Persönlichkeit, die bis heute einen großen Einfluss auf unser gesellschaftliches Leben hätte. Aber im eigentlichen religiösen Sinne wäre er einer unter vielen. Mir jedenfalls würde etwas Wichtiges in meinem persönlichen Glauben fehlen, z.B. folgendes:
An Weihnachten sagen wir immer, dass uns der Erlöser geboren ist. Der Erlöser? Der Erlöser von was? Ja, sagen wir, der Erlöser von Schuld und Sünde. Was heißt das aber?
Wie kann Jesus das sein, wenn er nur Mensch war? Mit welcher Autorität ausgestattet?
Als Mensch bekommt man, jeden Tag irgendetwas mit, was nicht gut ist, was böse ist oder schlecht und nicht in Ordnung. Ich erlebe immer wieder Schwachstellen an mir und an anderen. Wir kommen immer wieder an unsere Grenzen. Grenzen, die darin begründet liegen, dass ich als Mensch eben einfach nicht göttlich perfekt sein kann.
Diese Grenze sprengt Jesus. Er weist mich darauf hin, dass ich nur befreit werden kann, meine engen Grenzen sprengen kann, wenn ich mich an etwas binde, was diesen Grenzen nicht unterworfen ist - und dieses Etwas nenne ich Gott.
Ich kann nicht selbst meine Grenzen sprengen, mich selbst aus dem Dreck ziehen, da er einfach zu mir gehört, weil ich als Mensch so bin, wie ich bin. Alles andere wäre eine fatale Illusion und führte am Ende nur zu Enttäuschung und Überforderung.
Ich kann diese Grenze nur sprengen, wenn ich mich binden kann an etwas, das diesen Grenzen nicht unterworfen ist.
Auch das ginge bei Jesus nicht, wäre er nur Mensch gewesen.
Deswegen ist mir dieser Text so wichtig, weil er mir sagt, dass ich durch die Bindung an Jesus, an das Wort, an das Licht, wirklich frei werde von meinen Grenzen, weil Jesus das Wort Gottes ist, was immer schon bei ihm war.
Derjenige, der die Bindung an diesen Gott für sich geschafft hat, weiß wie befreiend das sein kann; für den ist Gott nicht lediglich irgendeine moralische Instanz, die mir sagt, das darfst du tun und das nicht. Für den ist diese Bindung wahres Ungebundensein, der gewinnt Abstand und eine gesunde Distanz zu dem, was scheinbar so wichtig ist.
So wie dieser Text viel Zeit des Nachdenkens bedurfte bis er so da stand wie er da nun steht, bedarf es einer tiefen Beschäftigung mit dem Wort Gottes bis die Entdeckung gemacht werden kann, Jesus ist ganz Mensch, aber auch ganz Gott, bis die Entdeckung

gemacht werden kann, dass ich durch die Bindung an Jesus wirklich freier werde und nicht unfreier, dass dadurch erst wirkliche Erlösung geschieht.

Johannes 6,1-15
-wenn wir das Leben teilen, wie das täglich Brot-

Die Erzählung vom Wunder der Brotvermehrung ist nur eine von vielen neutestamentlichen Wundererzählungen. Immer wieder wird davon berichtet, dass Jesus auf unerklärliche Weise Menschen geheilt hat, dass er Behinderungen beseitigt hat, dass er sogar Tote zum Leben erwecken konnte, dass er über Wasser gehen konnte und dieser Erzählung aus fünf Broten und zwei Fischen die Ernährung von 5000 Menschen sichern konnte.
Bei solchen Gelegenheiten stellt sich immer wieder die Frage, wie man mit solchen Geschichten umgehen soll.
Soll man sie so glauben, wie sie da stehen, soll man sie alle nur als fromme Legenden bezeichnen, die uns erzählt werden, um zu beweisen, dass Jesus göttlich war?
Auch die Theologie spiegelt dieses Spektrum wider:
Es gibt Theologen, die denken, dass alles komponiert wurde um treffende Aussagen über die Verbindung Jesu mit Gott zu machen, es gibt Theologen, die einen Großteil der Wundererzählungen zumindest vom Kern her für wahr, für wirklich so geschehen, halten.
Ich für meinen Teil halte die Erzählungen für ausgeschmückte Berichte über etwas tatsächlich Geschehenes, das allerdings nicht im Mittelpunkt steht. Denn entscheidend ist die tiefere Aussage, die hinter dem Erzählten steht. So wohl auch hier:
Ich glaube, dass die Geschichte von der Brotvermehrung in zwei Richtungen zu deuten ist: in einer sozialen und in einer spirituellen:
die soziale: Es geht hier um dass Teilen, es geht darum, wie die Menschen, die Jesus nachfolgen, also nach seinen Ideen leben mit dem umgehen, was sie haben und wie sie mit denen umgehen sollten, die in Not sind. Und da ist die Vorgabe Jesu klar. Spannend ist ja eher wie die Jünger beschrieben werden: Sie kommen ja mit einem Vorschlag, der uns zwar plausibel erscheinen mag, weil wir ähnlich handeln würden, der aber von Jesus klar abgelehnt wird. Philippus schlägt nämlich vor, für Geld etwas zu kaufen, was aber dann niemals für alle reichen würde. Und in der Parallelstelle bei Matthäus heißt es, die Jünger fordern Jesus auf, die Leute wegzuschicken, damit sie sich noch etwas besorgen können. Aber Jesus sagt nur: „nicht nötig, gebt Ihr ihnen etwas zu essen!" Klipp und klar und knallhart.
Nun lässt sich die Situation im damaligen Israel als Teil des römischen Staates natürlich nicht mit einem Sozialsystem im heutigen Mitteleuropa vergleichen.
Vieles wird heute vom Staat und anderen Institutionen geleistet, die von einzelnen gar nicht möglich und leistbar wären und zum anderen damals nicht existierten. Trotzdem kann man aber mal wagen, das Verhalten der Jünger mit uns zu vergleichen, denn auch wir haben doch die Tendenz solche Probleme wie Armut, Arbeitslosigkeit und andere Nöte von uns wegzuschieben, solange sie uns nicht betreffen. Auch wir tendieren dazu, zu sagen, lass sie doch gehen, wir können nicht helfen, sie sollen sich im Dorf etwas besorgen.
Für mich ins Heute übersetzt: Sie sollen sich doch um Hilfe beim Staat kümmern.

Die Verantwortung für Menschen in Not abzugeben, darin sind wir bestimmt gut. So hat sich der Sozialstaat in den letzten Jahren ja auch entwickelt- als eine Institution, die möglichst in allen Lagen des menschlichen Lebens bei Notfall einspringt.
Das ist ja auch gut so, solange der Gedanke der Solidarität dahintersteckt, der eine Gemeinschaft für jemanden einspringen lässt, der aus eigenem Versagen oder durch andere Umstände in eine Notlage geraten ist.
Leider aber hat sich bei uns über diesen langen Zeitraum dann oft die Mentalität eingeschlichen, die immer nur das wieder heraushaben will, was man eingezahlt hat.
Dass so weder eine Kranken, -eine Arbeits- oder jegliche andere Versicherung nicht funktionieren kann, liegt auf der Hand und wird ja zum Erschrecken vieler in den vergangenen Jahren immer offensichtlicher und spürbarer. Das ist sicher nicht der alleinige Grund der Krise des Sozialstaates, aber sicher einer unter anderen.

Wir Menschen haben nun mal die Tendenz, das Unangenehme aus unserem Blickfeld zu verbannen oder es aber an andere weiterzureichen, manchmal mit den fadenscheinigsten Begründungen. Die Jünger hier benutzen die Ausrede, dass sie doch nur dies und das haben und damit ginge es doch nicht.
„Also lass sie gehen, wir können hier doch nicht helfen." Aber darauf lässt sich Jesus nicht ein. Er sagt nur: „gebt erst mal das, was ihr habt, dann sehen wir weiter."
Wir alle kennen das Ende: Alle werden satt und es bleiben sogar noch zwölf Körbe übrig.
Ich denke, dass uns diese Erzählung sagen will, dass es Aufgabe einer jeden christlichen Gemeinschaft sein muss, ihr möglichstes zu tun, dass in ihren Reihen niemand sozusagen den Bach runtergeht.
Jesus fordert uns mit dieser Geschichte auf, unsere ganze Phantasie einzusetzen um zu Lösungen zu kommen, die die Not lindern kann. Und die Geschichte von heute sagt uns: „denkt nicht nur an Euch, nach dem Motto: das hier, die zwei Fische und die fünf Brote haben wir für uns, die anderen sollen sehen, dass sie woanders satt werden."

Ein Weiteres:
satt wird man bekanntlich nicht nur durch Brot. Wir haben ja auch anderen Hunger; Hunger nach Sinn, Hunger nach Liebe, Hunger nach Anerkennung. Wenn hier die Geschichte erzählt, dass alle satt wurden, will sie auch sagen, dass Jesus uns so viel anzubieten hat, dass wir diesen Hunger auch stillen können. Leben mit ihm und den Erfahrungen für die er steht, kann ein Leben sinnvoll machen, kann einem Liebe erfahrbar machen, kann einen Anerkennung erfahren lassen. Das Leben mit Jesus kann einen satt machen.

Eine letzte Bemerkung noch, die sich auf die Zahl 12 bei den übriggebliebenen Körben bezieht. Bekanntlich ist diese Zahl eine sehr wichtige Symbolzahl in der christlich-jüdischen Tradition. Sie ist das Ergebnis der Multiplikation der Zahl 3, die für das Göttliche Ganze steht –siehe Dreifaltigkeit- und der Zahl 4, die für das Irdische Ganze steht: Vier Himmelsrichtungen, vier Grundfarben.
12 steht also für das Komplette, das Ganze, dem nichts mehr fehlt.

Denken Sie an die 12 Stämme Israels oder an die 12 Apostel. 12 steht immer für das Ganze. 12 heißt: alle.
12 Körbe bleiben übrig heißt dann doch wohl, dass man damit alle satt machen kann.
Jesu Angebot gilt nicht nur für den kleinen Kreis seiner Jünger, sondern für alle. Seine Botschaft ist universell, will keinen ausschließen.

Ist es nun eine Wundererzählung oder nicht?
Ich denke schon, halte ich es doch für ein großes Wunder, wenn Menschen plötzlich so miteinander teilen, dass alle etwas haben und keiner hungern muss.

Johannes 12,20ff
-vom Sinn des Lebens-

Wir werden heute bei Johannes Zeugen eines inneren Dialoges, den Jesus hier mit sich selbst hält- eines Dialoges, der sehr viel über Jesus selbst aussagt, aber eben auch über das Leben an sich. Ich hoffe, Ihnen nicht zu viel zu versprechen. Aber es geht um schwerwiegende Fragen: **Was** ist das Leben, welchen Sinn macht es, wofür sind wir hier? Ein Dialog, der uns daran erinnert, wer wir als Menschen sind.

Aber langsam. Schritt für Schritt.
Zunächst mal tauchen hier ja Menschen - Griechen auf Pilgerreise in Jerusalem- auf, die nach Jesus fragen: Sie bitten einen der Jünger, Philippus, Jesus sehen zu können. „Wir wollen Jesus sehen," sagen sie. Philippus wiederum geht zu Andreas, informiert ihn und diese beiden wiederum gehen zusammen zu Jesus. Sehr umständlich und es ist die Frage, warum Johannes das so beschreibt.
Es ist doch eigentlich nebensächlich, wer jetzt mit wem bespricht, ob, wann und wie Jesus mit diesem Anliegen der griechischen Besucher konfrontiert werden soll.
Offenbar aber soll das nur zeigen, dass das, was wir hier von Jesus hören werden, eher ein innerer Dialog ist, die Besucher, die Menschen herum werden höchstens dessen Zeugen, sie sind nicht Teil des Gespräches, sie sind sozusagen Kulisse für das, was sich vor der Todesstunde Jesu mit ihm und in ihm abspielt. Auf ihrem Hintergrund ergeben sich für Jesus die tiefen Erkenntnisse über das Leben.
Die erste Erkenntnis ergibt sich aus dem bekannten Bild vom Weizenkorn, das in die Erde fällt und sterben muss, um zu leben:
Erst mal ist das ja ein sehr schönes Bild dafür, dass es den Tod als endgültige Vernichtung gar nicht gibt: das Weizenkorn stirbt zwar, aber verwandelt sich dadurch nur, bringt Frucht und kommt damit zu seinem eigentlichen Wesen. Das eigentliche, wirkliche Leben ist das, was in der Frucht ist, das was nach der Verwandlung kommt- die Verwandlung, die wir Tod nennen. Das, was unser wahrer Kern als Mensch ist, das, was unser Weizenkorn, unser innerer Kern ist, die Seele, wie wir sie auch nennen, ist unsterblich. Wir sind unsterblich. Die Seele ist sozusagen unsere Matrix, unser Grundmuster, unser Bauplan, unsere Persönlichkeit. In ihr ist unser Leben angelegt und festgehalten, in ihr geht nichts von unserem Leben verloren, jedes Ereignis, jede Begegnung, jeder uns wichtige Mensch ist dort gegenwärtig. Das weiß Jesus. Wenn diese Seele, von Jesus mit dem Weizenkorn verglichen, nicht in die Erde fällt, nicht auf die Erde kommt, nicht geboren wird, dann hat sie ihren Sinn verfehlt.
Die alte Lehre der Kirche, dass die Seele irgendwann zu Beginn des menschlichen Lebens im Körper der Mutter das werdende Leben ergreift, hat hier ihren Bezugspunkt. Die Seele existiert also schon, will dann auf die Erde, um hier die Erfahrungen zu machen, die wir als Mensch machen, machen müssen. Die Seele, der Mensch erlernt hier auf dieser Erde wie es ist, von diesem Gott, dem Ursprung aller Seelen, getrennt zu sein. Sie macht hier die Erfahrungen des Schmerzes, des Hasses, des Separiertseins, des Alleinseins. Sie, die eigentlich zum Großen Ganzen gehört, zu dem was wir Gott nennen,

der die Liebe ist, erfährt hier das Gegenteil. Deswegen ist der Sinn ihres Lebens, der Sinn der Seele nicht erfüllt, wenn sie nicht scheinbar stirbt, nicht durch diese Erfahrungen des Elends, der Traurigkeit, des Schmerzes, der Krankheit und des Todes geht. Erst dann wird ihr Leben bereichert, bringt Frucht, macht Sinn.

Wer an seinem Leben hängt, verliert es, sagt Jesus dann weiter.
„Wenn Du das hier, Mensch, als das eigentliche Leben siehst, an, dem Du hängst, dann hast Du die Erkenntnis verloren, wer Du in Wirklichkeit bist."
„Ja" - so verstehe ich Jesus- „ja, nimm dein Leben ernst, aber nicht so ernst, dass du vergisst, dass deine Heimat, dein Ursprung, dein Ziel, hinter dieser Welt liegen. Noch mal, Du kannst dieses Leben mit all seinen Eitelkeiten, mit dem sich-wichtig-nehmen, mit den ganzen Konkurrenzkämpfen, dem sich-produzieren, dem ach-ich-bin-ja-so-toll total ernst nehmen. So ernst, dass du darin aufgehst, so ernst, dass du meinst, das sei das Leben an sich. Aber du wirst dich wundern, nach dem Tod, zählt das nichts, es ist nichts wert. Es ist nur dafür da, dir als Mensch, als Seele bewusst zu werden, wie es ist, vom eigentlichen Leben, von der Liebe, von Gott getrennt zu sein."

„Wer aber sein Leben in dieser Welt gering achtet, wird es bewahren bis ins ewige Leben," sagt Jesus dann weiter.

Wer also versteht, dass dieses Leben hier nicht das eigentliche ist, der wird den Bezug zum WIRKLICHEN, zu GOTT, zur LIEBE nicht verlieren, sondern der wird gewinnen, der wird Frucht bringen, also tiefe Erkenntnis gewinnen.

„Wenn einer mir dienen will, folge er mir nach. Und wo ich bin, dort wird auch mein Diener sein"- so geht es weiter. „Wenn einer mir dient, wird der Vater ihn ehren."
Wenn du Mensch also, mir folgst, mir nachfolgst, meinen Gedanken folgen kannst, dann hast du verstanden, dann wirst du auf meinem Stand sein, dann wirst du geehrt, vom Vater, dann ist die Trennung vorbei, dann bist du wieder bei deinem Ursprung, da, wohin du eigentlich gehörst.

„Jetzt ist meine Seele erschüttert"- so geht es weiter bei Jesus.
Es ist der Ausdruck für das, was da gerade bei Jesus passiert ist: Er hat endgültig verstanden, was seine Bestimmung ist. Ihm ist erschütternd klar geworden, was der Sinn seines Lebens ist, was der Sinn des Lebens überhaupt ist.

Und in dem Moment kommt eine Stimme vom Himmel, wie es weiter heißt. Die Umstehenden halten es für einen Donner oder für die Stimme eines Engels. Ausdruck nur dafür, dass sie diesen inneren Dialog, diesen Kampf um Erkenntnis, den Jesus hier führt, nicht verstehen können, sie wissen nicht genau was da passiert, sehen nur, dass etwas gewaltiges in Jesus erwacht ist. Jesus versteht: „Ich habe deinen Namen schon verherrlicht und werde ihn wieder verherrlichen." Jesus erkennt also, dass er in Wahrheit nicht von diesem Gott, von seinem Vater, von der Liebe getrennt ist. Seine Seele gehört zu Gott, ist mit ihm verbunden, unzertrennbar.

Und in dem Moment sind bei Jesus alle Zweifel beseitigt, keine Unsicherheit mehr darüber, warum er in diese Stunde, in diese Situation gekommen ist. Ganz selbstbewusst kann er sagen: Euch galt diese Stimme, Ihr sollt die gleiche Erkenntnis haben wie ich. Für euch gilt das gleiche wie für mich: „Ich werde alle zu mir ziehen, wenn ich über die Erde erhöht bin." Wenn ich diese Erde mit all ihren Traurigkeiten, ihrem Schmerz verlassen habe, hinter mich gelassen habe, dann ziehe ich euch mit, ihr werdet erkennen, wofür ihr hier seid.

Das Johannesevangelium muss man meditieren, in jedem Satz, in jedem Wort stecken tiefe Erkenntnisse. Ich konnte hier nur einiges anreißen. Nehmen Sie es sich mal vor, Stück für Stück zu Hause, alleine, im Gebet. Und Sie werden verstehen, was unser Leben ist, wofür wir hier sind. Sie werden verstehen, wie relativ alles ist, was wir hier erleben, wie groß wir eigentlich sind, dass uns nichts trennen kann von der Liebe Gottes.

Johannes 14,1-12
-Ruhe im Alltag-

Kurz bevor ich mir den Text dieser Bibelstelle angeschaut habe, hatte ich in einem Zeitungsmagazin *(„Süddeutsche Zeitung")* gestöbert und war bei einem Artikel hängengeblieben, der folgendermaßen eingeleitet war und mit lauter Zeichen aus der Computer- und Applicationsssprache durchbrochen war. Schon optisch wirkten diese Zeilen hektisch. Die Einleitung lautete dann: „Zu spät! Zu spät! Zu spät! Es ist einfach zu viel, es geht alles zu schnell, die Welt dreht sich wie verrückt, wie soll man da noch mitkommen? Jeder Mensch hat heute das Gefühl, er sei mit allem ständig im Verzug. Ein Hilferuf."
Im Artikel selbst wird beklagt, dass man ständig überfordert ist, alles einzuhalten, was von einem erwartet wird. Die Autorin gibt auch dafür ein Beispiel:

- *47 neue Mails heute, 29 gelöscht, acht beantwortet. Die anderen zehn? Ja, morgen dann*
- *Elf Anrufe in Abwesenheit*
- *Vier neue updates verfügbar*
- *Tini hat auf facebook geschrieben. Clemens auch. Na ja, antworten geht jetzt nicht. Später*
- *Terminkonferenz in 15 Min.: bestätigen/ noch mal erinnern/nicht mehr erinnern /Element schließen*
- *Besprechung neuer Rubriken. Sie haben noch nicht zugesagt*
- *Save the date! Pressekonferenz „ital. Schinkenwoche" auf 15. Verschoben*

Wir schmunzeln jetzt- aber manch einem wird es bei näherem Hinsehen doch auch ganz schön mulmig um´s Herz, schließlich wird hier doch für viele der ganz normale Wahnsinn beschrieben, den sie oft genug im eigenen Leben erleben, eingeklemmt zwischen Anforderungen aus Beruf, Familie, Hobbies, Freunden und Kommunikationsnetzwerken.
Vergleichen wir damit doch einmal die zentralen Sätze der Verse 10-12 aus dem 14. Kapitels des Johannesevangeliums.
Da werden uns Wohnungen für die Ewigkeit versprochen, da wird uns gesagt, dass wir sogar Gott kennen, wenn wir Jesus kennen und da wird uns gesagt, dass Jesus der Weg, die Wahrheit und das Leben ist.
Der zitierte Artikel ist doch ein Beispiel dafür, wie verzettelt das menschliche Leben manchmal erscheint, ungewiss, ohne feste Verankerung, immer in der Gefahr, seine Grundlage zu verlieren oder immer wieder neue suchen zu müssen. Wie viele Menschen wirken überfordert von dieser Lebensweise. Wie viele sehnen sich nach Ruhe, nach Gewissheit.
Gegensätzlicher könnten in diesem Sinne die beiden Texte gar nicht sein.
Das heutige Evgl. ist vielen auch aus den Begräbnisgottesdiensten bekannt. Weil dort die Wohnungen beim Vater versprochen werden, ist es sehr beliebt dafür. Und es passt ja auch. Aber Jesus hat diese Worte sicher nicht gefunden, um lediglich Hinterbliebene zu

trösten. Es sind Sätze geschrieben für uns alle. Die Vertröstung auf das Jenseits mag mal als Opium für das Volk angesehen gewesen sein- sicher in mancher Hinsicht im damaligen historischen Kontext mit Berechtigung. Heute lässt sich in unseren aufgeklärten Gesellschaften niemand mehr auf das Jenseits vertrösten, heute wollen wir alles jetzt, sofort. Wir wollen im Diesseits leben und verleben uns doch so oft. Dieses Wort existiert nicht und doch finde ich es sehr passend. Wir verleben uns. Die eingangs beschriebene Lebensweise lässt uns kaum noch zu uns selbst kommen. Wir leben an der Oberfläche. Die glasglatten Oberflächen der smartphones geben den Blick frei auf hunderte von Apps, aber lassen den Blick in die Tiefe nicht mehr zu. Es sind schlichtweg zu viele.
Sie wissen, dass ich selbst eines nutze und ich neige nicht zum Kulturpessimismus. Aber ich kann an mir selbst beobachten, wie groß die Gefahr der Ablenkung, Unkonzentriertheit und Oberflächlichkeit ist.
Ein guter Freund von mir ist leitender Manager in einem DAX Konzern. Er hat es geschafft bis heute ohne Mobiltelefon auszukommen. Zuhause hat er noch nicht einmal einen Computer. Das wirkt inzwischen auf manch einen Zeitgenossen schon skurril, was er aber nicht ist. Mir ist er immer wieder Mahnung dafür, dass es auch anders geht, ohne Lebensqualität zu verlieren, sondern sie vielleicht sogar zu gewinnen.

Ich erwähne dieses alles hier, weil ich mir manchmal Jesus in unserer Zeit vorstelle. Das ist ja ein beliebtes Gedankenspiel- kein Wunder, weil es den Blick auf die eigene Zeit immer mal wieder schärft. Nun bleibt das natürlich Spekulation und doch: Können Sie sich Jesus vorstellen, mit Iphone in der Hand gleichzeitig sprechend mit anderen, womöglich im Laufen, dazu noch einen Plastikbecher von Starbucks in der Hand? Ich kann mir das beim Besten willen nicht vorstellen.
Jesus ist doch der Inbegriff des In-sich-Ruhenden, der Inbegriff von Gelassenheit, die Inkarnation der zeitlosen Ewigkeit.
Sein wichtigstes Kommunikationsmittel war das Gespräch mit dem, den er seinen Vater nannte. Dafür hat er sich auf Berge, auf Boote oder in die Wüste, also in die Einsamkeit zurückgezogen. Erst dadurch war er zu echter Kommunikation mit anderen bereit. Seine Wirkung war doch so immens, weil er den Einzelnen in den Blick nahm, sich ihm zuwendete, ohne Ablenkung durch anderes.
Und dieser Jesus spricht nun davon, dass er der Weg, die Wahrheit und das Leben sei. Was heißt das anderes als dass er sich als Modell anbietet, das wirkliches Leben erst ermöglicht. Bei ihm geht es um Erleben, nicht um Verleben.
Er bietet mit seinem Leben an, es ähnlich zu machen. Ihr habt ein Fundament, die Wohnung bei Gott. Dieses Fundament macht es Euch möglich, mit den Fährnissen dieses Lebens umzugehen. Mit mir als Weg findet Ihr die Wahrheit über das Leben. Das klingt ein wenig blumig, aber es wird ganz konkret, wenn ich die Beziehung zu diesem Jesus zu meiner Lebensgrundlage mache. Beziehungen müssen sich ausdrücken, sonst sind es keine Beziehungen. Die Beziehung zu Jesus drückt sich im Gebet aus, im Innehalten, im sich-konzentrieren. Wer dies praktiziert, kann einen ruhenden Pol im der eingangs beschriebenen Unübersichtlichkeit finden. Sicher, vieles der auf einen einstürmenden Dinge lassen sich schlichtweg nicht ignorieren, manche lassen sich

abstellen. Es ist ja niemand gezwungen, Mitglied eines sozialen Netzwerkes zu sein oder sich eine Anzahl von Apps auf sein Telefon zu laden. Man kann sich dem entziehen. Wir sollten uns nicht immer nur zu Opfern stilisieren. Manches haben wir noch selbst in der Hand. Die Dinge, die wir aber nicht mehr in der Hand haben, weil sie in der Arbeit oder in der Familie auf einen einstürmen, können durch den ruhenden Pol des Gebetes, durch die Beziehung zu Gott auf eine andere Grundlage gestellt werden. Das Gebet hilft nicht gegen die Flut der einstürmenden E-Mails, aber es hilft, ihre Wertigkeit einzuordnen und gleichzeitig, zu innerer Ruhe zurückzufinden.
Den ersten Satz von Jesus, der in der biblischen Schriftstelle vorkam, kann man als einen schönen Schlusssatz anfügen: „Euer Herz lasse sich nicht verwirren. Glaub an Gott und glaubt an mich."

Johannes 17, 6a, 11b-19

-Insel der Seligen oder mittendrin?-

An diesem Text finde ich den folgenden Teilsatz besonders auffällig: „..die Welt hat sie gehasst, weil sie nicht von der Welt sind". Das wird sogar zweimal gesagt.
So ist es nicht verwunderlich, dass in der Meinung mancher ein frommer Christ einen gehörigen Schuss Weltverachtung mitbringen muss. Wenn man solche Verse wie gerade gehört liest, scheint diese Meinung nicht ganz unberechtigt zu sein, da dort ein gewisser Gegensatz zwischen Welt und Gott aufgebaut wird.
Wie oft hört man, die Kirche sei weltfremd, gerade wenn es um Themen aus der Moraltheologie hört- und könnte dann hier in diesen Versen eine Begründung für diese Weltfremdheit finden.
Es stellt sich also die Frage, inwieweit aufgrund dieser Textstelle die Rede von einer Art Weltverachtung der Christen berechtigt und begründet ist.

Vielleicht ist sie aufgrund solcher Zeilen erklärbar, aber sie entspräche bei näherem Hinsehen nicht der Intention Johannes'
Ihm geht es hier in diesen langen sogenannten Abschiedsreden Jesu um etwas anderes: Es ist sicher richtig, dass er in der Welt eine Tendenz zum Schlechten sieht, einen rätselhaften Hang von Gott weg. Daher wird er nicht müde, Wachsamkeit und Vorsicht zu predigen. Aber – und das ist ganz wichtig- seine Verkündigung ist sozusagen eine Vorwärtsstrategie mit dem Ziel, den Raum Gottes in dieser Welt auszubauen.
Schließlich ist diese Welt die Bühne dazu. Sie ist ja in erster Linie Gottes gute Schöpfung und nicht Reich des Bösen.
So ist die ZIELRICHTUNG des Christseins weltfreundlich, der Welt zugewandt. darauf ausgerichtet, einen offenen Raum für Gottes guten Geist zu schaffen. Es geht darum, dem Willen Gottes Geltung zu geben, es geht darum, in dieser Welt Orte zu schaffen, an denen Gott erfahrbar und spürbar wird. Anderes hat ja auch Jesus nicht getan: Gott- so wie er ist- erfahrbar machen.

Gott aber Raum zu schaffen, führt immer in die Welt als Gottes gute Schöpfung zurück. Wo soll er sonst erfahrbar werden? Daraus ergibt sich geradezu zwangsläufig die Pflicht weltoffen und weltfreundlich zu sein.
Das gilt sicher für jeden einzelnen Christen, der in seinem Leben deutlich machen kann, dass der Glaube an Gott, nicht zu einem elitären Abgesondert sein führen muss, sondern, dass der Glaube an Gott Möglichkeiten schafft, in dieser Welt sinnvoll zu leben. Die Aussage, „Ihr seid nicht von dieser Welt" ist damit also keine Aussage über die Zielrichtung, sondern über den Ursprung des Menschen, eine Aussage über seine Prägung, über seinen Charakter.
Und so wie diese Sätze für jeden einzelnen Menschen gelten, gelten sie auch für die Gemeinschaft derer, die sich Christen nennen- die Kirche, die Gemeinden. Unseren

Gemeinden ist es aufgetragen, Jesu Botschaft weiterzugeben. „So wie du mich in die Welt gesandt hast, so habe auch ich sie in die Welt gesandt" heißt es in dieser Bibelstelle.
Wir, die Gemeinde haben also Menschen in die Entscheidung zu führen, haben den Raum Gottes in dieser Welt auszubauen, so wie es Jesus mit seinem Wort und seiner Existenz getan hat. Sinn und Auftrag von uns allen liegen darin, in Jesu Namen, in seiner Person selbst, verwurzelt zu sein- in diesem Sinne also nicht von der Welt zu sein, sondern von Jesus zu sein.
Die Kirche, die Gemeinden sollten also nicht von einem Absicherungsbedürfnis gegenüber der Welt geprägt sein, sondern – gegründet und verwurzelt in Christus- der Welt zugewandt.
Stellt sich die Frage, welchen Eindruck wir nun in dieser Welt machen? Das kann man vermutlich nicht mit einem einzigen Satz beantworten, weil es immer wieder von einzelnen Personen und Gemeinden abhängt, wie die Botschaft Christi durch uns in der Welt erfahrbar gemacht wird. Es wird eine nicht unerheblich Zahl von Menschen geben, die durch die Gemeinden oder durch Einzelne wirklich frohe Botschaft kennengelernt haben. Aber es wird mindestens genauso viele geben, die die Kirche von außen betrachtet immer wieder als einen Apparat wahrnehmen, der weltignorant eher verbietet und einschränkt als ermutigt und befreit.
Juden und Christen haben aber in ihrer Glaubensgeschichte, die sich über Jahrtausende hinzieht und in der sich langsam aber sicher einige Wahrheiten über Gott herausgestellt haben, eine andere Erfahrung gemacht. Und eine dieser Wahrheiten ist zweifelsohne der befreiende Charakter Gottes, den er schon bei der Herausführung Israels aus Ägypten gezeigt hat, ganz sicher gehört dazu, die Treue und die Verbundenheit Gottes zu und mit denen, die sich zu ihm bekennen, ganz sicher gehört das Verzeihen dazu, das Angebot Gottes, Vergebung zu schenken und ganz sicher gehört vor allem die Liebe Gottes dazu, die das Leben Jesu geprägt hat. Wenn dem so ist, dann sollten das auch Dinge sein, die unsere Gemeinden charakterisieren, die unseren Gemeinden ein Antlitz geben, das dem Antlitz Jesu entspricht. „Ihr seid nicht von dieser Welt" , ja richtig, aber wir sind IN dieser Welt- und in dieser Welt sind wir um zu bezeugen, dass wir von etwas anderem geprägt sind, von Gott geprägt sind- und nicht von dieser Welt

Apostelgeschichte 2,42-47
-Wunder gibt es immer wieder-

In diesem Text aus der Apostelgeschichte steht ein erstaunlicher Satz: „...denn durch die Apostel geschahen viele Wunder und Zeichen."
Dieser Satz nämlich macht mich immer wieder nachdenklich. Wir kennen die vielen Wundererzählungen, die immer wieder von Jesus berichtet werden. Die Heilungen von Lahmen, von Blinden, von Besessenen und sogar von Totenerweckungen. Daran haben wir uns sozusagen gewöhnt. Von Jesus erwarten wir das sogar, schließlich bekennen wir ihn ja als Sohn Gottes.
Aber hier wird etwas anderes erzählt. Hier nämlich geschehen die Wunder durch die Apostel. Durch ganz und gar alltägliche Menschen, von denen wir ja wissen, dass sie vor ihrer Begegnung mit Jesus ganz normalen Berufen nachgegangen sind. Sie unterschieden sich diesbezüglich in nichts von den anderen Bewohnern Israels.
Und dann das: Durch diese ganz normalen Menschen geschahen Wunder und Zeichen. Das ist es, was mich nachdenklich macht.
Wo bleiben unsere Wunder, unsere Zeichen? Gibt es das, z.B. Wunderheilungen durch Christen? Denn auch wir verstehen uns doch als Menschen, die Jesus nachfolgen, genau wie die Apostel damals.
Eines vorweg: Ich verstehe Wunder nicht als Scharlatanerie. Ein Schwerkranker wird nicht einfach heil dadurch, dass ihm einer mal kurz die Hände auflegt- auch wenn ich nicht ausschießen will, dass das schon einmal vorgekommen ist. Aber in der Regel werden bekanntlich die Naturgesetze nicht durch Geisteshandlungen aus den Angeln gehoben.
Und trotzdem steht ganz eindeutig in einem anderen Kapitel der Apostel-geschichte: „Und alle wurden geheilt." – und zwar durch die Jünger.
Diese Berichte aus den ersten Kapiteln der Apostelgeschichte stehen noch ganz unter dem Eindruck der Auferstehung Jesu, dieses zentralen Ereignisses, das offensichtlich alles verändert hat. Aus enttäuschten, frustrierten und verängstigten Anhängern, die teilweise schon wieder ihrem alten Beruf, dem Fischen nachgingen, wie es im Johannesevangelium heißt, werden Leute, die durch das Land ziehen, Anhänger finden, Gemeinschaften aufbauen und ganz offensichtlich Menschen begeistern und anstecken können mit ihrem Wirken.
Überhaupt ist dieser Wandel auch deswegen erstaunlich, weil bis zum Tod Jesu, alle, die ihm folgten als Anhänger eines Verbrechers zählten.
Denken Sie nur an Petrus, wie er seine Zugehörigkeit zu Jesus leugnete aus Angst mit hineingezogen zu werden.
Und von diesem gleichen Petrus wird erzählt, dass er nach der Auferstehung Kranke heilte und ihm die Menschen in Scharen zuliefen.
Was war da nur alles in Bewegung geraten.
Mir scheint, dass das Erlebnis der Auferstehung der Schlüssel zu dieser Wandlung ist. Dieses Geschehen hat die Jünger so verändert, dass sie sogar ihre Umgebung veränderten, also heilten und Wunder wirkten.

Und das, so meine ich, könnten wir eigentlich auch. Ich sagte eben schon, dass ich Wunder nicht mit Scharlatanerie gleichsetzen möchte.
So halte ich es aber für ein Wunder, wenn einer, der etwa durch seine schwere Schuld eigentlich kein Pardon zu erwarten hat, Menschen begegnet, die ihn trotzdem annehmen.
Oder, wenn ein kranker, isolierter Mensch aufblüht einfach dadurch, dass ihm nicht aus dem Weg gegangen wird, sondern dass man ihm Zuwendung und Zeit gibt.
Oder, wenn jemand, dem eigentlich niemand mehr etwas zutraut, das Vertrauen geschenkt wird, nochmals eine Aufgabe in die Hand zu nehmen.
Sind das etwa keine Wunder?
Und könnten unsere Gemeinden nicht auch Wunder und Zeichen wirken?
Zeichen setzen, wenn sie sich beispielsweise für Rechte einsetzen, die eigentlich jedem Menschen zustehen?
Oder wenn sie Werte verteidigen, die in unserer Gesellschaft unterzugehen drohen;?
Oder wenn sie zu Zellen werden, in denen Menschen aufleben können?
Wir brauchen nicht neidisch 2000 Jahre auf die wundertätigen Apostel zurückblicken. Auch wir können Leute verwundern und Zeichen setzen.
Nur müssen wir das auch wollen!
Wir müssen Veränderungen wollen!
Denn das war damals für die Apostel DIE Grundbedingung. Ostern, die Auferstehung hatte sie verändert, hatte sie komplett auf den Kopf gestellt, sie änderten ihr altes Leben und waren so begeistert, dass sie vom Erlebten erzählen mussten. Und dann brachen sie auf, nichts blieb wie es war.
Könnte da unser Problem liegen? Wollen wir das wirklich?
Doch dann erst können auch wir Wunder tun

Karfreitag

Nun sind wir wieder mittendrin in den Texten von Opfer, von unendlichem Schmerz, von Trauer, von Sünde und unserer Schuld.
Die Liturgie des Tages bemüht sich mit allen Kräften, das Grausame am Tod Jesu in Erinnerung zu rufen. Die besungene Dornenkron, das Haupt voll Blut und Wunden, die Angst, Not und Pein- Händ, Füß und Seit durchstochen; Ins Angesicht geschlagen und verhöhnet. Man könnte sich geradezu suhlen im Leide Jesu.
Bei aller Verehrung für diesen Weg Gottes mit und für uns Menschen aber beschleicht mich immer wieder ein merkwürdiges Gefühl, wenn ich dieser Liturgie folge oder ihr selbst vorstehe. Irgendetwas passt für mich nicht zusammen.
Und zwar aus zwei Gründen: bei Licht und nur auf menschlicher Ebene betrachtet muss man doch zugeben, dass der Karfreitag nicht der schlimmste Elendstag in der menschlichen Leidensgeschichte ist: Was ist mit all den Namenlosen, die in den KZs vergast wurden, den vielen, die in den Wäldern von Katyn erschossen und verscharrt wurden, den Abertausenden, die in den Gulags Stalins verschwanden, die vielen Opfer der Kulturrevolution Chinas, die grauenvollen Massaker in Ruanda, die Erschießungen von Srebrenica, Dafur, Vietnam, die Versklavung von Millionen Afrikanern nach Nord- und Südamerika oder heute die Toten von Misrata in Libyen? Soll das alles nicht so schlimm gewesen sein wie der Tod eines Einzelnen am Kreuz vor 2000 Jahren?
Nein, der Tod Jesu war grauenvoll, aber was Menschen sonst noch anderen Menschen antun und angetan haben ist genauso schlimm und schlimmer.
Auch wenn sich Mel Gibson vor Jahren auf´s intensivste bemüht hat, den Tod Jesu mit schrecklichen Details auszumalen, so bleibt es doch nur ein furchtbarer Tod unter vielen menschlichen Toden.
Mein Unwohlsein im Suhlen des Leides Jesu baut sich auch auf der Erkenntnis auf, dass das Betrachten von Gewalt eher selten zur Abkehr von Gewalt führt. Nicht zuletzt die vielen Untersuchungsergebnisse, die sich mit Videospielen beschäftigen, die vor allem auf Gewalt setzen, haben doch ergeben, dass Gewalt auch fasziniert, dass es etwas im Menschen gibt, dass ihn Gewalt gerne sehen lässt. Was wären all die Krimis im Abendprogramm der endlos vielen TV-Sender ohne unsere Faszination von Gewalt? Nichts- die würden schnellsten abgesetzt, weil sie keine Quote mehr bringen würden. Sie bringen aber Quote.
Das Leid Jesu aber soll keine Quote bringen, sondern zur Veränderung führen, eben nicht zur Faszination und einem „Sich-Weiden“ am Elend eines Anderen, am Elend des Sohnes Gottes, sondern zur Abkehr von Gewalt.
Und damit sind wir schon mittendrin im zweiten Faktum, das mich stört am intensiven Betrachten des Leides Jesu: es führt uns theologisch auf den falschen Pfad. Gewalt heilt nicht.
Der Heiland kann nicht zum Heil führen, wenn ich bei seinem erlebten Unheil stehen bleibe. Der Karfreitag verändert uns Menschen erst dann zum Positiven, wenn ich auf das Erlösende des Geschehens schaue. Und das Erlösende macht sich fest an der

Tatsache, dass der Karfreitag zwar ein Tag des Leides ist, aber des Leides eines Menschen, der selbst frei von Gewalt war.
Die Erwartungen an ihn waren hoch und beruhten vor allem auf der Hoffnung, Israel endlich von der verhassten Herrschaft der Römer zu befreien. Noch als er bei der Verhandlung vor Pilatus steht bringt Jesus selbst den normalen menschlichen Gedankengang ins Spiel: „Meinst Du nicht, mein Vater könnte seine Engel schicken, um mich hier zu befreien?" fragt er. Das wäre der menschliche Weg: Gewalt.
Und wir sind leider bis heute auf diesem Pfad der Gewalt, gefangen in unseren menschlichen Verhaltensweisen und können oft nur wählen zwischen Pest und Cholera.
Soll die NATO Bodentruppen nach Libyen schicken oder nicht? Sollen europäische Soldaten eingreifen, um Misrata, seine Bewohner und die libyschen Rebellen vor den Gaddafi-Truppen zu schützen oder lieber nicht? Wir sind wieder mal an einem Punkt, wo wir Tote gegen Tote abwägen müssen. Entweder sterben viele Einwohner dieser drittgrößten Stadt Libyens oder eben weniger, dafür aber europäische und amerikanische Soldaten. Abgesehen davon, dass sich bei einem reichen Ölstaat die Welt-gemeinschaft weitaus mehr sorgt als bei einer armen sudanesischen Provinz namens Dafur z.B. stehen wir hier vor dem WIRKLICHEN Elend menschlicher Geschichte, das lohnt betrachtet zu werden.
Karfreitag war schlimm, aber schlimmer ist, dass wir bis heute 2.000 Jahre nach dem gewaltsamen Tod Jesu immer noch auf das Mittel der Gewalt setzen und manchmal eben wie in Libyen noch nicht mal die Wahl haben, NICHT auf Gewalt zu setzen. Man kann sich enthalten im UNO Sicherheitsrat, aber damit hält man nur die eigenen Soldaten aus dem Krieg heraus, stoppt aber nicht das Töten von Menschen. Das ist das WAHRE Elend menschlicher Existenz, was wir betrauern sollten. An Karfreitag sollten wir den MENSCHEN betrauern, den Menschen in Jesus. Aber eben nicht dabei stehen bleiben. Karfreitag ist auch ein Freudentag. Denn hier hat das GÖTTLICHE in einem Menschen gezeigt, dass es auch einen anderen Weg gibt. Jesu und Gottes Gewaltlosigkeit haben zwar nicht den Tod Jesu verhindert. Wir wissen aber, dass das nicht das Ende der Geschichte ist, sondern nur der erste Teil. Den zweiten und entscheidenden feiern wir am Ostersonntagmorgen.
Wir sagen immer, der Tod Jesu hätte uns erlöst von der Sünde. Ja, das hat er- weiß Gott, darf man da sehr bewusst sagen, weiß Gott.
Der Tod Jesu zeigt uns auf, dass wir erlöst sein könnten von dem ewigen Kreislauf von Gewalt und Gegengewalt, wir könnten erlöst sein von der Sünde, Menschen zu töten und wir wären damit erlöst von der Gottesferne, denn die Gewaltlosen sind die Töchter und Söhne Gottes, wie es Jesus in der Bergpredigt selbst formuliert hat.
Aber wir können es offenbar nicht. Nur wenige von uns, Menschen die wir als Heilige verehren, ob sie nun Christen waren oder nicht.
Was können wir tun? Als Einzelne können wir auf Gewalt verzichten, den Versuch ist es alle Mal wert- und als Staaten müssen wir es nach wie vor wohl ein wenig einschränken: als Staaten sollten wir möglichst auf Gewalt verzichten, militärisch wie wirtschaftlich. Dort aber, wo wir keine andere Möglichkeit haben, sollten Staaten den Weg gehen, der weniger Gewalt nach sich zieht als ein anderer Weg. Das ist das Zugeständnis, was wir wohl leider auch als Christen dem Menschen im Menschen machen müssen.

Aber wir sollten dabei nie das Göttliche im Menschen aus dem Auge verlieren, das aus Respekt vor der Ebenbildlichkeit eines jeden Menschen mit seinem Schöpfer vor Gewalt zurückschrecken muss.
Karfreitag ist somit der Tag der Erlösung. Wir MÜSSEN nicht den Weg der Gewalt gehen, wir MÜSSEN nicht in der Faszination des Tötens stehen bleiben, sondern dürfen uns der befreienden Wirkung der vermeintlichen Ohnmacht des Gekreuzigten ergeben. Aus dem Haupt voll Blut und Wunden wird das leuchtende Antlitz des Auferstandenen.

Ostern

Der chilenische Dichter Pablo Neruda empfahl einmal „von Zeit zu Zeit ein Bad im Grab zu nehmen". Ein Bad im Grab- nun das muss man sich einmal auf der Zunge zergehen lassen. Je mehr man das tut, desto widersprüchlicher werden die Gefühle dabei: ist ein Bad doch in der Regel etwas sehr angenehmes und entspannendes, verbindet man doch mit dem Grab eher den Schrecken und die Angst vor dem eigenen Tod. Grab und Bad passt nicht zusammen.

Und es will auch nicht so recht zu unserer Osterstimmung passen. Wir singen zwar vom Grab, aber vom leeren- und damit ist es dann auch gut. Die Zeit der Buße, dann der intensive Karfreitag, dazu noch all die grauenvollen Nachrichten immer wieder in den Medien. Jetzt ist es gut. Durchatmen, aufatmen, endlich wieder das Licht durch unsere Fenster in die Kirche lassen, das Dunkle hinter uns lassen. Ich kann Sie nur zu gut verstehen.

Und trotzdem hat mich dieser Satz dann fasziniert als ich ihn in einem kleinen Andachtsheft fand. Welch ein eher entspanntes Verhältnis muss doch der Autor zum Tod gehabt haben, wenn er in der Lage war, eine solche Empfehlung auszusprechen. Denn dahinter steckt selbstverständlich die Idee, sich ab und zu mit der eigenen Sterblichkeit auseinanderzusetzen, sich des eigenen Sterbens zu vergegenwärtigen. Sich darüber im klaren zu sein, dass dieses Jahr vielleicht das letzte Mal sein kann, hier eine Osternacht zu feiern. Der Protest dagegen, der gleich bei einem solchen Satz in einem auf-steigt ist doch nur ein Zeichen dafür, wie grauenvoll wir die Idee finden, dieses Leben beenden zu müssen.

Aber gerade dieses „eines-Tages-das-Leben-beenden-müssen" ist der Grund dafür, sich vorher ab und an dieses Gedankens zu vergewissern. Man kann natürlich sagen, dass es noch früh genug ist das zu tun, wenn es so weit ist. Wann aber ist es so weit? Und vor allem wie wird es geschehen? Der, der sich dem nicht stellen will, wünscht sich natürlich den plötzlichen Tod, möglichst nachts einschlafen und nicht wieder wach werden. Aber so sterben die wenigsten. Eher ist es doch nach einer längeren Krankheitszeit oder einer Phase des Siechtums. Das klingt nicht schön und ist es natürlich auch nicht, aber es ist das, was auf die meisten von uns zukommt. Ich kann davor schreiend weglaufen und mich mit allen möglichen Dingen ablenken und betäuben oder ich kann mir ab und an ein Bad im Grab nehmen. Für mich bedeutet diese Empfehlung Nerudas, sich gedanklich mit dem Sterben auseinanderzusetzen. Wer das tut, wird sehr schnell merken, dass man dann nicht beim Tod an sich stehen bleibt, sondern schnell zur Frage nach dem Sinn der eigenen Existenz kommt. Wer sich an den Tod heranwagt, bekommt möglicherweise eine Antwort für´s Leben, nicht nur für den Tod.

Am heutigen Fest erinnern wir uns an die Auferstehung Jesu, wir erinnern uns an das Leben, das Sterben und das neue Leben einer faszinierenden Persönlichkeit. Niemand würde mit dem Blick auf Jesus behaupten, dass es ein sinnloses Leben war.

Nehmen wir aber mal die Fakten. Wenn heute ein 33-jähriger Mensch stürbe, dann stürbe er viel zu früh, wie es dann in den Anzeigen heißt. Oder: Ein Leben, das noch so viel hätte geben können.

Wir hätten an der Gerechtigkeit gezweifelt. „Warum Gott?“, hätten wir gerufen. „Ein Leben, das gerade anfing, so vielen Leuten so vieles zu geben. Er hat doch geheilt, Menschen versöhnt, vom Tode auferweckt. Warum er?“

Ein Leben, das so früh endet ist ein ineffizientes Leben, nicht alle Möglichkeiten gelebt, die angelegt waren.

Wir Pfarrer hätten in der Bestattungsfeier irgendwas von der Unbegreiflichkeit Gottes gefaselt, uns vielleicht sogar den Fragen angeschlossen. Warum eigentlich?

Gott mag in vielem unbegreiflich sein- das liegt in der Natur der Sache. Der Schöpfer ist größer und blickt weiter als sein Geschöpf. Aber gerade in Bezug auf den Tod hat Gott doch mit offenen Karten gespielt. Was feiern wir hier denn sonst?

Von Jesus behaupten wir immer er sei ein exemplarischer Mensch gewesen, ein Beispiel dafür wie der Mensch sein sollte, ein Beispiel für den idealen Menschen, ein Exemplar des Menschen an sich. In Jesus findet sich der Mensch wieder. Für viele aber, auch unter Christen, hört dieses Exemplarische beim Tod am Kreuz auf.

Für die biblischen Schriftsteller nicht, ob nun Markus, Matthäus, Lukas oder Johannes, ob Paulus oder Petrus. Für sie war klar, dass es danach mit Jesus weiterging. Daran hatten sie nicht die geringsten Zweifel.

Ja, sie staunten selbstverständlich darüber, aber Zweifel hatten sie nicht. Aus einfachen Menschen wurden Schriftsteller, aus Fischern wurden gewaltige Redner, aus Dörflern große Organisatoren. SIE waren in Jesus der gewaltigen Kraft Gottes begegnet, der Menschen verwandelt, sogar den toten Menschen, und der aus ihnen selbst Menschen machte, an die sie vorher noch nicht einmal im Traum dachten. Für sie war der auferstandene Jesus schlichtweg real. Kein Zweifel.

Und deswegen konnten sie Unglaubliches über den Tod schreiben. Für sie war klar, dass der Tod nur ein Übergang war, eine Verwandlung. Der Tod hatte den Schrecken verloren. Wenn Jesus verwandelt wurde, dann selbst-verständlich auch sie. Sie waren ihm doch gefolgt, er hatte ihnen doch die Wohnungen beim Vater versprochen. Nein, sie wussten zwar nicht, WIE Gott es gemacht hatte, aber sie hatten nicht den geringsten Zweifel am DAS.

So lebten sie fortan eine angstfreies Leben, es gab keine Angst mehr vor der Mehrheitsgesellschaft, die Paulus in Athen auf dem Areopag traf und mit ihnen diskutierte, es gab für Petrus keine Angst mehr vor den jüdischen Religionsvertretern. Er ging seinen Weg und leitete die Gemeinschaften, die sich auf Jesus berufend gegründet hatten. Sie hatten keine Angst mehr vor der Bedrohung, sogar nicht mehr vor dem gewaltsamen Tod, den beide und viele andere erfuhren.

Diese ersten Christen, diese Zeugen der Geschehnisse um Jesus herum, hätten den Rat Nerudas nachvollziehen können, schließlich taten sie es jeden Tag selbst.

Viel wäre für unsere Gesellschaft und für uns selbst gewonnen, könnten wir mit der Beschäftigung mit Leben, Tod UND Auferstehung Jesu, dem eigenen Sterben den Schrecken nehmen.

Christi Himmelfahrt

Christi Himmelfahrt gehört wohl zu den Festen, bei denen uns das Begreifen am schwersten fällt. Fragen Sie doch mal andere, was sie genau darunter verstehen, oder fragen Sie sich selbst.
Außer, dass Christus in den Himmel gefahren ist, werden Sie nicht sehr viel dazu hören.
Eher hinderlich sind vermutlich auch die Bilder, die die Kunst uns zu diesem Fest gegeben hat: Christus beispielsweise schwebend auf einer Wolke, wobei man bei manchen nur noch seine Füße sieht, der Rest ist schon in der großen Wolke verschwunden, der Erde und den Blicken seiner zurückbleibenden Jünger entzogen.
Diese Bilder geben uns kaum eine Antwort auf das, was dieses Fest wohl aussagen soll; im Gegenteil, sie machen es eher lächerlich.
Daraus ergeben sich dann einige Fragen: Wo ist der Himmel, was ist der Himmel, was soll diese Art des Abschieds von den Jüngern und ganz merkwürdig: Warum freuten sich die Jünger?

Der Schlüssel zu allem liegt für mich in einer einzigen Einsicht: Der biblische Text der beim Evangelisten Lukas von der Himmelfahrt erzählt, ist letztendlich vor allem ein Text, der keine Aussage über Jesus macht, sondern eine über den Menschen.
Im Epheserbrief heißt es: „Der Geist erleuchte euer Herz, damit ihr versteht, zu welcher Hoffnung ihr durch Jesus berufen seid."
Darum geht es. WIR sind zur Hoffnung berufen. Und zwar durch das Geschehen an Jesus.
Gott ist immer der Handelnde. ER hat seinen Sohn in die Welt gesandt, ER hat ihn den Weg als leuchtendes Vorbild der Nächstenliebe gehen lassen, ER hat ihn dies mit aller Konsequenz bis ans Ende tun lassen, ER hat ihn aus dem Tod auferweckt und ER hat ihn zu sich in den Himmel geholt.
Alles, was an Jesus geschah, ist für uns geschehen.
Und da Jesus nicht nur ganz Gott war, sondern auch ganz Mensch, ist alles, was über Jesus gesagt wird, ist auch eine Aussage über uns, und zwar über uns als den Menschen, so wie Gott ihn gedacht hat.
WIR können leuchtenden Vorbilder der Nächstenliebe sein, wenn wir uns ganz auf Gott einlassen, WIR können das mit aller Konsequenz bis ans Ende tun, WIR werden eines Tages aus dem Tod auferweckt und WIR werden zu Gott in den Himmel geholt.
Das ist die Kernaussage des heutigen Festes, so wie es die Kernaussage des gesamten Lebens Jesu ist: Was Gott an ihm getan hat, wird er auch an Euch tun.
Auf diesem Hintergrund ist auch verständlich, warum der Autor des Evangeliums ausdrücklich sagt, dass die Jünger sich freuten. Es war eine Botschaft, die sie da hörten, die ihnen etwas GAB und nicht eine Tatsache, die ihnen Jesus NAHM.
Es wäre doch sonst nicht zu verstehen, warum sie sich freuten, wo doch bei einem Abschied eigentlich auch eine Spur Melancholie eine Rolle hätte spielen sollen.
Davon ist keine Rede, nein, ihnen war -nach Lukas- klar, dass sie eines Tages genau das gleiche für sich erleben würden: Sie würden bei Gott sein, nicht so zweifelhaft,

unvollständig und zaghaft wie am Tage der Himmelfahrt Jesu, sondern ganz. GANZ würden sie Gott erkennen und bekennen.
Damit ist aber auch klar, was der Himmel für den Christen ist.
Auch da helfen uns unsere Bilder ja nicht viel. Merkwürdigerweise sind diese ja oft von einer Art Langeweile bestimmt oder auch von einer Art von Humor begleitet. Denken Sie nur an die Geschichten vom bayerischen Aloysius – dem Münchner im Himmel.
Wenn wir dagegen an Bilder der Hölle denken, dann ist gerade das Mittelalter voll von eindringlichen, furchteinflößenden Vorstellungen, die einen schaudern lassen. Merkwürdigerweise stellt sich bis heute eine Art von Beklemmung ein, wenn man die intensiven Bilder von Hieronymus Bosch beispielsweise betrachtet.
Vielleicht können wir uns das Böse leichter vorstellen als die ewige Liebe. Vielleicht ist der Mensch dem Teufel näher als Gott.
Die Aussage der Bibel über den Himmel allerdings ist ziemlich einfach und ergibt sich aus dem Geschehen von Christi Himmelfahrt: Himmel ist ganz bei Gott sein. Himmel ist überall dort, wo ich in einzelnen Momenten der Liebe ganz beim anderen und damit bei mir bin. Himmel ist dort, wo die Zeit stehen bleibt, Himmel ist dort, wo der Moment zur Ewigkeit wird. Schon jetzt in seltenen Erlebnissen der Liebe und der Versenkung erfahrbar wird der Moment der Ewigkeit eines Tages für uns zur Ewigkeit des Moments. Dann, wenn wir ganz bei Gott sind.

Pfingsten

Pfingsten, das dritte große Fest im Jahreskreis neben Ostern und Weihnachten verblasst ja bekanntlich immer etwas neben den beiden anderen. Das liegt zum einen daran, dass es kaum irgendwelche pfingstlichen Traditionen gibt, jedenfalls keine, die mir einfallen würden. Wenn man das mit Ostern und Weih-nachten vergleicht, ist das ja doch sehr armselig. Dabei wird ja etwas gefeiert, das doch etwas Großartiges und wichtiges ist, nämlich der Hl. Geist.
Nun ist das Problem wohl, dass das etwas nicht gerade sehr konkretes ist. Es wird da keine Person gefeiert, keine konkreten Lebensereignisse und –abschnitte wie an Ostern und Weihnachten aus dem Leben Jesu.
WAS gefeiert wird ist jemand oder etwas, das man nur an seiner Wirkung erkennen kann, an sonst nichts. Und selbst Wirkungen, wie gute Taten, Nächstenliebe, lebendige Gemeinde müssen ja nicht unbedingt und nachweisbar Früchte des Hl. Geistes sein, so dass selbst in der Wirkung noch nicht klar ist, was dieser Geist eigentlich ist.
Aber lassen Sie uns den Text erst einmal näher anschauen:

Beschrieben wird, wie die Jünger an einem Ort versammelt waren. Wir kennen dies schon aus den Evangelientexten der Osterzeit: Die Jünger versammelten sich offenbar Sonntag für Sonntag an einem Ort, um zusammen zu sein, zu beten und sich gegenseitig zu stärken. Berichtet wird immer wieder wie sie auch ängstlich zusammen saßen, bis Jesus in ihre Mitte trat. Diese Treffen jedenfalls waren offenbar von vielen Unsicherheiten gekennzeichnet, von Fragen wie: Wir wird es wohl weitergehen, wie sollen wir uns den Juden gegenüber verhalten, sollten wir eine neue Gemeinschaft gründen, wenn ja, nach welchen Regeln usw. Bei dieser Erzählung vom Pfingsttag wird dann weiter berichtet, dass plötzlich ein heftiger Sturm vom Himmel kam, das ganze Haus erfüllte und ihnen dann Zungen wie von Feuer erschienen, die sich auf jeden von ihnen niederließen.

Dann wird gesagt, dass sie in fremden Sprachen sprachen und alle Anwesenden aus den verschiedensten Nationen die Jünger verstehen konnten.
Hier endet die Lesung vom Tag- leider, weil nämlich mittendrin. Es folgt noch ein langer weiterer Text, der mit der Pfingstrede des Petrus überschrieben ist, ein Text, in dem Petrus plötzlich mutig auftritt und die Geschichte Jesu aus seiner Sicht vor der versammelten Volksmenge auslegt.
Das Kapitel endet dann mit der Feststellung, dass viele, die dem Petrus zuhörten, mitten ins Herz getroffen waren. Sie waren tief berührt und bekehrten sich. Es wird berichtet, dass 3.000 neue Mitglieder gewonnen werden konnten. So weit das, was die Apostelgeschichte von Pfingsten erzählt.
Sie sehen, eine Geschichte, in dem wohl der Hl. Geist genannt wird, er aber eigentlich nur an den Folgen seines Daseins erkannt wird.
Eingeleitet wird ja alles sehr poetisch, mit gewaltigen Bildern vom heftigen Sturm und von Feuerzungen. Wir alle kennen die Bilder, wie sich auf den Aposteln kleine, rote

Feuerzungen niederlassen. Das wirkt lächerlich, wenn man nicht um die Bedeutung dieser Symbole weiß. Es wird nichts Neues sein, aber natürlich stehen Feuer und Sturm für etwas, für das auch der Hl. Geist steht.
Es steht für Bewegung, für Leben. Bei Feuer muss ich immer wieder an ein Land wie Australien denken. Dort verbrennen Jahr für Jahr riesige Flächen in der Buschbrandsaison.. Wenn man solche Bilder vor Augen hat, klingt es zynisch vom Leben spendendem Feuer zu sprechen. Und trotzdem wird es einem dort besonders sinnenfällig, wie NACH dem Feuer wieder frisches Leben entstand. Schon nach einigen Wochen war der schwarze Boden wieder von grünen Grasbüscheln besetzt, bildeten sich an den verkohlten Stämmen wieder kleine Zweige und Blätter. Am deutlichsten wird aber die Kraft und damit auch die Symbolkraft des Feuers für das Leben wenn man von Pflanzen weiß, die nur mit Feuer überleben. Nur dann können sie sich vermehren, wenn durch die hohen Temperaturen, die das Feuer auslöst, die Samenkapseln aufspringen und dann in der Asche nach dem Verlöschen des Feuers keimen und neues Leben entwickeln. Wie auch immer:
Das Leben findet einen neuen Weg, kommt zurück mit frischer Kraft. Dafür steht das Feuer in der Pfingstgeschichte. Der hl. Geist schafft neues Leben, da wird das alte Vertrocknete weggeweht, Verbrauchtes abgeschnitten und neues Leben beginnt dort, wo es niemand erwartet oder gar für möglich gehalten hätte.
Wer von den Jüngern hatte denn noch etwas erwartet, nachdem Jesus in den Himmel aufgefahren war, nachdem er nicht mehr konkret fassbar unter ihnen war? Niemand hatte mehr etwas erwartet.
Für die jüdische Gesellschaft war die drohende Gefahr durch den Tod Jesu eingedämmt worden, auch wenn das Gerede von seiner Auferstehung nochmals neue Unruhe stiftete. Doch im Grunde wurde das nicht mehr ernst genommen und die Jünger selbst hatten ja auch ihre Schwierigkeiten. Wie erwähnt: wie sollte es weitergehen, wer sollte das Heft in die Hand nehmen? Petrus etwa, der sogar während der Kreuzigung Jesu schon aufgegeben hatte und davon gelaufen war? Sollte dieser wankelmütige Mann etwa diese neue Gemeinschaft leiten?
Nein , ich glaube, die Jünger trauten sich nicht viel zu.
Und da trifft sie der Hl. Geist, mit Feuer, sie verwandeln sich. Aus diesem unsicheren Petrus wird ein begeisterter und begeisternder Mann, der Menschen durch seine Rede so überzeugen kann, dass es sie anspricht, ins Herz trifft. Der Hl. Geist also lässt neues Leben wachsen, selbst da, wo niemand mehr damit gerechnet hatte.
DAS ist also die eine Wirkung des Hl. Geistes: Neu machen.
Ein zweites wird erzählt: Die Umstehenden konnten alle die Jünger in ihrer Sprache reden hören. Die jedem Lektor Alptraum produzierende Aufzählung von Regionen und Nationen ist vom Autor möglichst umfangreich gestaltet worden, um klar zu machen, dass dieser Geist sich nicht auf eine kleine,
ausgewählte Elite beschränkt, sondern wahrhaft universell ist. Niemand ist ausgeschlossen, keine Gruppe kann sagen, nur zu uns spricht Gott, wir wissen, was die Wahrheit ist. Der Hl. Geist kennt keine Grenze, vorausgesetzt ihm wird keine gesetzt.
Es dürfte klar sein, dass hier in dieser Stelle nicht unbedingt gemeint war, das jeder die Apostel wirklich in seiner Sprache verstehen konnte, sondern dass das Reden der

Apostel SO eindringlich und überzeugend war, dass es sie alle ansteckte, dass die Apostel offenbar eine andere Möglichkeit der Kommunikation gefunden hatten, die alle verstehen konnten. Es gibt ja neben der Sprache des Wortes noch andere Wege, sich verständlich zu machen. Durch Tun z.B. durch Handeln, dadurch, wie man miteinander umgeht usw. Auch die Sprache der Liebe ist doch eine Sprache, die überhaupt nicht der Wortsprache bedarf. Die Zuhörer waren ins Herz getroffen wie es hieß, sie haben mit einem Schlag begriffen, worum es den Jüngern ging.

Das sind also die Wirkungen des Geistes.

Von diesen Wirkungen wissen wir, wir kennen vielleicht sogar Leute, von denen wir sagen können, die sind vom Geist bewegt; diese können einen durch ihr Sprechen und ihr Tun so begeistern, dass man etwas spürt, dass man hl. Geist nennen könnte. Und wir allen wünschten natürlich selbst so ansteckend zu sein.

Aus diesem Wunsch heraus sind wir Prediger in der Gefahr zu sagen und zu verlangen, dass die Leute sich anstecken lassen sollten, sie sollten begeistert sein, den Geist wehen lassen usw. Ja, aber wie soll denn das gehen?

Hier kommen wir an ein großes Problem. Denn: das lässt sich nicht einfach so machen, man kann nicht einfach sagen: nun lass dich vom Geist anstecken und schon ist er da.

Es ist ja auch bezeichnend für den ersten Pfingsttag, von dem wir heute gehört haben, dass die Bibel nichts davon erzählt, was die Jünger unmittelbar DAVOR gemacht haben. Es wird nicht berichtet, dass sie z.B. gebetet hätten, dass sie um den Geist gerufen hätten, es wird nicht davon erzählt, dass sie damit gerechnet hätten, nichts. Es heißt nur, als der Pfingsttag gekommen war, waren alle an einem Ort und dann kam plötzlich vom Himmel her ein Brausen und erfüllte das ganze Haus, in dem sie waren. Das ist alles, es trifft sie, unvorbereitet und nichts erwartend.

So bleibt auch uns nichts anderes übrig als uns für den Geist offen zu halten, nicht verschlossen zu sein.

Ich habe vorhin gesagt, dass der Geist keine Grenzen kennt, vorausgesetzt wir setzen ihm keine. Das ist wichtig.

Wir sind in der Gefahr uns immer wieder einzurichten in dieser Welt, in unsere Situation. Wir möchten das Erreichte erhalten, aber ansonsten bitte schön, in Ruhe gelassen werden. Möglichst keine Veränderungen mehr an uns heranzulassen.

Das ist vermutlich geisttötend, das setzt ihm eine Grenze.

Lebendig bleibt es nur, wenn ich bereit bin für Veränderungen! Denn das ist es, was der Geist macht: er verändert. Wo Leben ist, da staubt nichts ein.

Die Kirche und unsere Gemeinden sind aus den bekannten Gründen immer wieder in Gefahr einzustauben, langweilig und fad zu werden, weil man alles schon kennt, alles doch irgendwie klappt. Es ist die Gefahr groß, immer wieder auch auf die Rezepte der Vergangenheit zu schauen, gerade dann, wenn man eher ratlos ist zu sagen, ach ja, so haben wir das damals gemacht, so wird das auch heute wieder gehen.

Wenn der Geist wehen soll, neues Leben bringen soll, braucht er dazu Platz, Raum, Entfaltungsmöglichkeit. Er braucht Menschen, die sich Tag für Tag neu die Frage stellen, was erwartet das Leben, unsere Gemeinschaft, Gott heute von mir? Was sollte es sein unter diesen und jenen Umständen? Es ist so bequem, sich hinzusetzen und zu sagen,

bitte nichts Neues mehr, es reicht, es hat auch so in den vergangenen Jahrhunderten geklappt.
Wir haben allerdings gesehen, dass der Hl. Geist etwas anderes ist. Er ist die Kraft, die Leben schafft;
und Leben heißt und ist immer wieder Veränderung und nicht Konservierung von Leben.
Man braucht dazu allerdings Mut und: Vertrauen.

Allerheiligen
(1 Johannesbrief 3,1-3 und Matthäus 5,1-12)

Allerheiligen: ein Fest der Erinnerung...an Familienangehörige, Freunde, aber auch ein Fest, über die eigene Einstellung dem Tod gegenüber nachzusinnen. So hängt darüber eine Atmosphäre der Melancholie, des wehmütigen Zurückblickens.
Dazu passen die Sätze gar nicht, die wir heute in den biblischen Texten gehört haben oder sollte ich besser formulieren: Unsere Stimmung entspricht nicht der Intention dieser Texte? Gerade die Seligpreisungen sind doch voller Ermutigung und Trost. Sie verweisen auf eine ganz andere Realität, auf eine tiefere, die unseren Alltag umfängt oder übersteigt. Sie drücken wie in einem Brennglas die Gewissheit der biblischen Texte aus, dass das Leben mehr ist als die Begrenztheit auf die wenigen Jahre zwischen Geburt und Tod, mehr ist als: Aufwachsen, Beruf erlernen, Familie gründen, Alt werden und Sterben. Sie lassen in uns die Hoffnung wachsen, dass uns die Kraft Gottes umfängt, auffängt, umfasst und Möglichkeiten eröffnet, die unsere Begrenztheit überwindet.

und wir alle leben doch von der Hoffnung.
Und offenbar nicht umsonst:
Ich möchte heute den Blick mehr auf die Lesung lenken denn auf die uns so bekannten Seligpreisungen: 1 Seht, wie groß die Liebe ist, die der Vater uns geschenkt hat: Wir heißen Kinder Gottes und wir sind es. Die Welt erkennt uns nicht, weil sie ihn nicht erkannt hat. 2 Liebe Brüder und Schwestern, jetzt sind wir Kinder Gottes. Aber was wir sein werden, ist noch nicht offenbar geworden. Wir wissen, dass wir ihm ähnlich sein werden, wenn er offenbar wird; denn wir werden ihn sehen, wie er ist. 3 Jeder, der dies von ihm erhofft, heiligt sich, so wie Er heilig ist

Und da hänge ich besonders an einem Satz: Jeder, der dies von ihm erhofft, heiligt sich, so wie Er heilig ist.
Da ist es wieder, das Wort „Hoffnung". Und es wird in einem erstaunlichen Zusammenhang benutzt. „Er" ist hier „Gott". Jeder, der dies von Gott erhofft, heiligt sich, so wie er heilig ist.
Und was soll erhofft werden? Das steht im Vers davor: „Wir wissen, dass wir Gott ähnlich sein werden, wenn er offenbar wird, denn wir werden ihn sehen, wie er ist."
Hier sagt uns die Hl. Schrift zu, dass wir Gott ähnlich sein werden. Wir werden ihn sehen, wie er ist. Auch das ist ja schon eine unglaubliche Zusage. Vielleicht halten Sie das für ein wenig überzogen oder können auch meine Euphorie über diese Stelle nicht wirklich nachvollziehen. Aber die Vorstellung, dass ich Gott ähnlich sein werde, ihn sehen werde wie er ist, ist für mich etwas unglaublich fantastisches. Es nimmt mir tatsächlich vieles der Angst vor dem Tod. Es bestätigt mich in meiner Ansicht, dass dieses an die Erde gebundene Leben nur ein Teil eines weitaus größeren Zusammenhanges ist. Das Leben hier ist nicht alles. Es ist eine große Erfahrung, die uns vorbereitet auf das eigentliche Leben. Das Leben hier soll uns nur daran erinnern, wer wir wirklich sind: Gottes

Geschöpfe, ihm ähnlich, wie es hier heißt.
Nun werden einige sagen, Illusion, Verschrobenheit, bestenfalls etwas, das man zwar glauben, aber nicht wissen kann. Und da kommt der zweite mich faszinierende und eben schon benannte Vers hinzu: Jeder, der dies von Gott erHOFFT ist heilig, heil, bei ihm. Es reicht die Hoffnung, es braucht kein Wissen, keine Gewissheit, es reicht die HOFFNUNG auf dieses Leben, auf diese Ähnlichkeit mit Gott.
Sie mögen sagen, dass dies zwar für eine akademische Diskussion ein interessantes Thema sein mag, aber ansonsten keine Bedeutung hat. Wenn wir uns da nicht mal verschätzen: Derjenige, der aus der Hoffnung leben kann, im Kern etwas weitaus Größeres zu sein als das, was das menschliche Leben normalerweise ausmacht, der lebt anders. Der erwartet und verspricht sich nicht alles in diesem Leben, der muss nicht Karriere machen, der kann auch andere groß sein lassen. Der, der weiß, dass dieses Leben nicht alles ist, nimmt dieses Leben nicht ZU wichtig. Und: der kann auch für menschliche Leben Hoffnung haben, die eben NICHT so erfolgreich sind nach unseren Maßstäben: die Armen, die Verfolgten, die Gefangenen, die Unterdrückten, genau die Lebensentwürfe, die in den Seligpreisungen selig gepriesen werden. Und diese kann Jesus nur deswegen selig preisen, weil er genau weiß, dass etwas anderes WIRKLICH zählt, was heute im 1. Johannesbrief angesprochen wurde: nämlich aus der Hoffnung zu leben, dass wir Gott ähnlich sein werden.

Christkönig

In einem Gespräch analysierte jemand knapp das Problem unserer Gesellschaft: „Wir wollen alle zufrieden sein, doch unser Wirtschaftssystem und damit unsere Gesellschaft funktioniert nur, wenn wir alle unzufrieden sind“
Wie sonst könnten unsere Betriebe das Mantra des Wirtschaftswachstums aufrechterhalten, wenn wir nicht immer mehr erwerben würden. Wir sollen immer mehr kaufen, damit die Wirtschaft wächst. Dafür werden Bedürfnisse geweckt, die uns unzufrieden hinterlassen, wenn wir sie nicht befriedigen können.
Wirtschaftswachstum braucht unzufriedene Menschen und Menschen, die sich ihr Zufriedensein vom Erwerb immer wieder neuer Dinge erhoffen.
Klingt zu simpel? Glaube ich nicht, wie jeder leicht bei sich feststellen kann, der schon mal einen Lusteinkauf gemacht hat oder als Freizeitprogramm „shoppen“ angibt. Und das werden nicht wenige sein.

Der Mensch als gieriges Wesen, was sein Glück im Erwerb von immer mehr sucht, aber wohl nicht findet. Ein Menschenbild, was kaum der Würde des Menschen angemessen ist- nicht dem Menschenbild, das hinter dem deutschen Grundgesetz steht und nicht dem, was hinter den UN-Menschenrechten steht.

Auf diesem Hintergrund lassen Sie uns doch mal einen Blick auf das zum Festtag gehörige Evangelium werfen. (Joh 18, 33b-37)
Jesus vor Pilatus: Das Opfer vor dem mächtigen Richter. Zumindest von den äußeren Fakten her betrachtet. Jesus müsste hier in dieser Situation ein Mensch sein, der Angst hat, weg will, mit sich und seinem Schicksal hadert, unzufrieden, höchst unzufrieden sein müsste.
Und doch strahlt er etwas ganz anderes aus- jedenfalls in der Beschreibung des Evangelisten Johannes: Er strahlt eine innere Kraft aus, die es ihm erlaubt mit seinem Richter einen Dialog über seine Identität zu starten: Wer bist Du? steckt hinter der Frage des Pilatus als er ihn anspricht mit „ Bist Du der König der Juden?“ Als gäbe es in der Situation nichts anderes zu besprechen, lässt sich Jesus darauf ein. Er strahlt eine Würde aus, die sich speist aus einer inneren Ruhe, aus der Beziehung zu seinem Vater.
Welch ein anderes Menschenbild, welch ein menschenwürdigeres Bild vom Menschen.
Vergleichen Sie noch einmal: dort der im Konsum gefangene unzufriedene Mensch von heute, da der vom Staat gefangene zufriedene Jesus von damals. Vielleicht ein wenig überspitzt gemalt, aber von der Tendenz her sicher nicht falsch.
Christkönig ist zunächst das Fest, das uns an die Größe Jesu erinnert, das uns seine Würde, seine enge Beziehung zu Gott in Erinnerung ruft.
Aber es ist eben auch das Fest, das uns die gleiche Würde zusagt, die gleiche Bestimmung, die gleiche Kraft und Ausstrahlung, wenn wir uns auf diesen Gott einlassen.

Ich weiß zu wenig von Volkswirtschaft, ich habe zu wenig Kenntnis davon, wie wirtschaftliche Dinge im Detail funktionieren. Es fällt auch schwer, sich etwas anderes zu überlegen, wenn dieses Wirtschaftssystem uns offensichtlich so viel Gutes hat zukommen lassen: gesicherte Existenzen, Eigentum, gutes Gesundheitswesen, Versorgung von Schwachen. Es fällt auch so schwer, weil das Reden vom Wirtschaftswachstum wie ein unumstößliches Mantra überall verkündet wird: Es ist Ziel der Bundesregierung, es wird als die große Hoffnung verkauft, wenn es einen bestimmten Prozentpunkt im kommenden Jahr erreicht, es ist DER Gradmesse für eine gesunde Wirtschaft und für ein Land.

Und trotzdem muss es erlaubt sein, auf die Defizite hinzuweisen.
Kürzlich noch wurde ich gebeten einen Kommentar zu der Tatsache zu schreiben, dass die Selbstmordrate in Belgien eine der höchsten europaweit ist. Und nicht erst seit dem Freitod von Robert Enke ist Depression als Krankheit ein immer größeres Thema geworden.
Natürlich hat das vielschichtige Ursachen, aber es hat AUCH damit zu tun, dass wir uns in den vergangenen Jahrzehnten zunehmend über die Wirtschaft definiert haben bzw. definiert wurden: Als Verbraucher und als Kunden- und zwar als möglichst unzufriedene Kunden, die nur dann kurzzeitig zufrieden sind, wenn sie sich etwas gekauft haben, dann aber schnell wieder etwas anderes erwerben möchten.
Jesus kann man sich in einem solchen Szenarium nicht im Geringsten vorstellen: Beim shopping? Beim Verfolgen von Aktienkursen oder bei Ebay? Wir schmunzeln ein wenig bei der Vorstellung; aber die Abwegigkeit dieses Gedankens kommt nicht nur aus der Tatsache, dass das Wirtschaften damals anders verlief, sondern eben und vor allem auch daraus, dass wir genau wissen, dass Jesus seinen Frieden, seine Würde aus etwas anderem bezog als aus dem Wirtschaftsteil der FAZ.
Christus als König zu bezeichnen ist nicht nur eine hübsche Idee der Kirchenleitung vor etwa hundert Jahren, sondern das Angebot und die Chance, sich selbst und jeden Mensch als das zu sehen, was er in Wirklichkeit ist: Würdig und durch seinen Bezug zu Gott in sich ruhend- ein König Mensch eben- und nicht nur König Kunde!

Erdbebenkatastrophe in Haiti 2010
„Die Frage nach dem Warum“

Wie ein Stachel im Fleisch wirkte die Zeile, die mir zu Beginn eines Berichtes über das Erdbeben in Haiti am vergangenen Donnerstagmorgen ins Auge stach: „Jesus, warum immer wir?“ so wurde da ein Betroffener zitiert. Dann wurde davon berichtet wie Bewohner durch die zerstörte Hauptstadt zogen, betend und Kirchenlieder singend. Als Klage, als Ventil ihren Schmerz auszudrücken.
Der Autor hat die gestellte Frage nicht beantwortet und in seinem Bericht fand sich auch niemand, der die Frage hätte beantworten können. Umso mehr blieb sie da stehen und hat mich bis heute beschäftigt. Natürlich ist es nicht das erste Mal- ob nun bei einer schweren Erkrankung, bei einem frühen Tod oder eben bei anderen Naturkatastrophen stellt sich ja immer wieder die Frage nach dem Warum.
Dabei ist die Frage -bei einem solchen Anlass gestellt- natürlich mehr als verständlich. Trotzdem müsste sie auch bei viel geringeren Anlässen gestellt werden.
Warum gab es den starken Winter vergangene Woche, der in Norddeutschland Leute eine Nacht im Auto verbringen ließ, warum hat sich jemand die Achillessehne gerissen und wird nun ein paar Wochen im Dienst ausfallen? Warum ist das Kleinkind heute Morgen gestürzt und hat sich dabei den Kopf gestoßen? Warum wurde die Katze von einem Auto überfahren und ist jetzt tot? Warum sind jetzt keine Blätter an den Laubbäumen, warum ist das Wasser in der Karibik so blau? Ja, wir wissen manchmal die Antwort. Weil jetzt Winter ist, weil die Lichtverhältnisse und die Temperatur des Wassers in der Karibik andere sind als an der Nordsee, weil die Katze im falschen Moment über die Straße gelaufen ist und in Haiti sind so viele Menschen gestorben weil da ein Erdbeben war und sich Kontinentalplatten gegeneinander verschoben haben.
Wir haben Antworten, aber wir haben eben doch keine.
Denn hinter allen Fragen steht doch die eine große Frage: Warum sind wir in der Welt? Wozu ist das Ganze da? Diese Frage nach dem Sinn der Welt steht hinter all den Fragen, die wir zwar irgendwie beantworten können, aber letztendlich dann eben doch nicht. Bei der Frage nach dem Laub an den Bäumen ist der Druck eine Antwort zu finden nicht so existentiell wie bei der Frage nach dem möglichen Sinn des schrecklichen Erdbebens. Aber die Frage bleibt die gleiche: Warum ist das Leben wie es ist? Auch beim Baum stellt sich doch die Frage, warum muss Leben vergehen, um neu zu werden? Warum ist die Natur vermeintlich tot im Winter, nur um im Frühling wieder mit größter Kraft vor Leben zu strotzen?
Es bleibt die Frage, warum ist das Leben so angelegt, wie es eben ist?
Im christlichen Glauben gibt es aus meiner Sicht zwei Hauptstränge mit dem Leid umzugehen. Zum einen die Kreuzesnachfolge, zum anderen das Vertrauen in den guten Gott.
Kreuzesnachfolge soll heißen: Jesus ist den Weg des Menschen gegangen. Jesus war der Sohn Gottes, aber ist nicht um die Erfahrung von persönlichem Leid, von Gottesferne herumgekommen. Er hat sich aber auf diesen Weg Gottes eingelassen, hat sein

Vertrauen nie verloren, dass sein Leben trotz allem einen Sinn macht. Damit deutet sich auch der zweite Strang christlichen Denkens an, mit der Sinnfrage umzugehen. „Die Welt kommt nicht aus dem Nichts und geht nicht nur ihrer Vernichtung entgegen, sondern ist aufgehoben in einem größeren Horizont, zu dem eine Beziehung möglich ist, der personal erfahren, benannt und betend angeredet werden kann“, so schreibt es der Philosoph und Theologe Uwe Kühneweg. Dies soll heißen, dass der glaubende Mensch sich in Gott aufgehoben wissen kann, er kann wissen, dass sein Leben nicht sinnlos ist, weil es nicht aus dem Nichts kommt und nicht in das Nichts gehen wird. Es bleibt immer in der Hand Gottes.

Wir alle wissen, dass diese Antworten im konkreten Erleben einer persönlichen Katastrophe oft nicht ausreichend sind. Wir wollen wissen, warum man das durchmachen muss. Wir wollen wissen, warum die Welt nicht einfach ein Paradies sein kann, in dem man sorglos und problemlos leben kann.

Darauf hat das Christentum aber keine weiteren Antworten. Wir können glauben, dass Gott uns erschaffen hat, wir können glauben, dass er das aus Liebe getan hat, wir können glauben, dass wir in der Welt sind, um ihn zu loben und zu ehren, wir können glauben, dass unser Leben ein Ziel hat, nämlich wiederum Gott. Aber es findet sich in der Bibel kein direktes Wort dazu warum wir in der Welt sind. Selbst das so bekannte Buch Hiob, das die Leidfrage stellt, gibt eigentlich als Antwort nur, dass man diese Frage nicht stellen sollte, denn Gott ist viel größer als das, was wir erfassen können. Es sei vermessen, ihn begreifen zu wollen- ist die Antwort bei Hiob.

Östliche Religionen geben die Antwort, dass wir in der Welt sind, um Erfahrungen zu machen, Erfahrungen des Getrenntseins von dem einen, von Gott, von dem, womit wir ursprünglich verbunden waren bevor wir in diese Welt geboren wurden und wohin wir wieder zurückgehen, wenn wir sterben. Und das immer wieder auf´s neue, Erfahrungen des Glücks, aber eben auch des Unglücks, Erfahrungen, die uns reifen lassen und uns das Glück erahnen lassen, wieder mit dem einen großen allmächtigen, mit der Liebe an sich vereint zu sein. Man mag diese Antworten für sich als sinnvoll erachten, sie sind aber keine christlichen. Christlich ist, sich vertrauensvoll auf dieses Leben einzulassen, an den Fragen nicht zu verzweifeln, sondern mit Christus auch die tiefen Stunden des Leides zu durchleiden, auf den zu schauen, der obwohl auch ganz Gott durch den Tod am Kreuz gehen musste. Es bleibt für viele unbefriedigend, so dass z.B. der katholische Lyriker Ernst Jandl formulieren konnte: als katholischer Christ beharre ich auf der Sinnlosigkeit des menschlichen Lebens.

Nicht so drastisch aber doch in ähnliche Richtung formuliert es noch einmal der eben schon erwähnte Uwe Kühneweg:

Das Christentum liefert keine fertige Antwort. Man könnte auch sagen, die Antwort des Christentums auf die Frage nach dem Sinn des Lebens ist nichts als eine Anleitung, im Glauben mit der Offenheit einer offenen Frage umzugehen. Nun denn, vielen Menschen in Haiti, vielen Menschen im konkreten Leid wird diese Formulierung wie Zynismus vorkommen, und dennoch kann es befreiend sein zuzulassen, dass man etwas NICHT beantworten kann. Das Leben Jesu ist das Leben eines endlos Vertrauenden, eines Sich-Getragen-Fühlenden. Ihn konnte nichts endgültig erschüttern. Wir wissen, dass dieses vertrauende Leben in der Auferstehung aufgegangen ist, erfülltes sinnvolles Leben wurde. Uns bleibt nur in guten Zeiten uns einen Vorrat an Vertrauen in den guten Gott der Liebe anzulegen, um mit diesem Vorrat die harten Zeiten des Leides zu überstehen.

Printed by Books on Demand GmbH, Norderstedt / Germany